范孙操 陈启

编著

围棋

完全自学

教程

（提高篇）

人民邮电出版社

北 京

图书在版编目（CIP）数据

围棋完全自学教程. 提高篇 / 范孙操，陈启编著
. -- 北京 : 人民邮电出版社，2021.11
ISBN 978-7-115-57083-3

Ⅰ. ①围… Ⅱ. ①范… ②陈… Ⅲ. ①围棋－教材
Ⅳ. ①G891.3

中国版本图书馆CIP数据核字(2021)第160076号

免责声明

作者和出版商都已尽可能确保本书技术上的准确性以及合理性，并特别声明，不会承担由于使用本出版物中的材料而遭受的任何损伤所直接或间接产生的与个人或团体相关的一切责任、损失或风险。

内 容 提 要

本书紧扣围棋基本技巧，以吃子、连接与分断、死活、行棋手法、布局、定式、杀气、打劫、手筋、攻击与防守、打入与浅削、收官 12 个主题作为训练内容，每一个训练主题均包括讲解、练习题和练习题解答三部分。本书在写法上力求由浅入深、层层递进，既主题分明又融会贯通。因此，阅读本书犹如聆听课堂传授，可以帮助有一定基础的围棋爱好者启迪思维，有效提升棋力。

◆ 编　著　范孙操　陈启
　　责任编辑　裴　倩
　　责任印制　马振武

◆ 人民邮电出版社出版发行　　北京市丰台区成寿寺路 11 号
　　邮编　100164　　电子邮件　315@ptpress.com.cn
　　网址　https://www.ptpress.com.cn
　　大厂回族自治县聚鑫印刷有限责任公司印刷

◆ 开本：700×1000　1/16
　　印张：13　　　　　　　　　2021 年 11 月第 1 版
　　字数：200 千字　　　　　　2021 年 11 月河北第 1 次印刷

定价：49.80 元

读者服务热线：(010)81055296　印装质量热线：(010)81055316
反盗版热线：(010)81055315
广告经营许可证：京东市监广登字 20170147 号

前　言

　　Alphago的出现让更多的人认识了围棋，围棋爱好者和学围棋的孩子越来越多。许多家长送孩子进围棋培训班习弈，还有许多初学者借助围棋读物自学，从而开始步入领略围棋技艺之魅力的黑白天地。为了帮助大家理解围棋知识并尽快提高棋艺，我们特意编写了《围棋完全自学教程（基础篇）》和《围棋完全自学教程（提高篇）》这两本书。

　　《围棋完全自学教程（基础篇）》以初学者为对象，适于入门至围棋5级的爱好者阅读；《围棋完全自学教程（提高篇）》以有一定基础者为对象，适于围棋5级至业余入段的爱好者阅读。这两本书均围绕有关围棋基本功的知识点展开训练，只是在难易程度和深浅讲究上有所不同。在吃子、死活、布局、收官等每个训练主题中，都包括讲解、练习题和练习题解答三方面内容，且始终以练习为主，以讲解为辅。在写法上，则力求由浅入深、层层推进，既主题分明又融会贯通，真正起到有效传授和启迪思维的作用。

　　限于水平和教学经验，书中或有不妥之处，还望广大读者批评指正。

编著者

2021年元月于北京

目　录

目 录

第1章 吃子训练

除了常用的征、枷、倒扑、扑吃接不归等吃子方法以外，还有一些比较特殊的吃子方法，如"金鸡独立""倒脱靴"，在实战中也不时能看到。

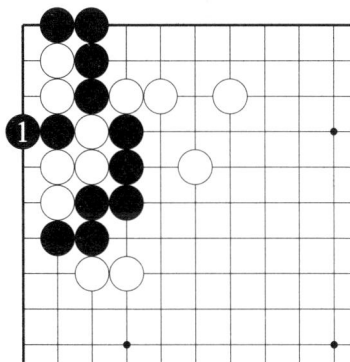

图 1

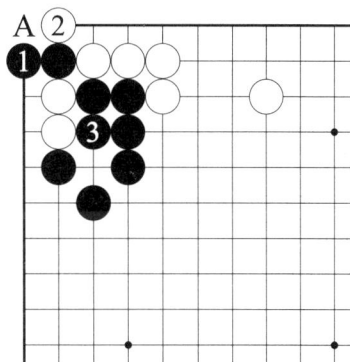

图 2

图1 黑1立下，上下白棋都无法紧气。像这种借助对方两边都不入气使其只能等死的吃子方法，叫"金鸡独立"。

图2 "金鸡独立"常在边角出现，本图是常见的盘角上的例子。黑1立是要点，由于盘角的特殊性，A位白不入气。

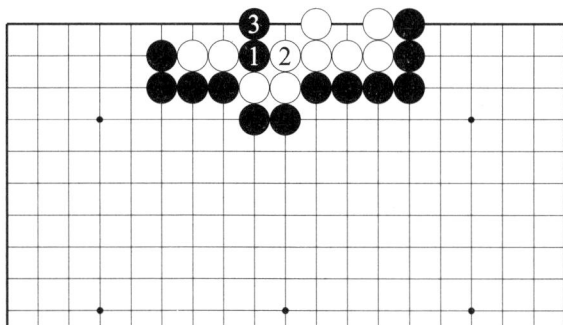

图 3

图3 黑1先打，待白2粘后，黑3再立下。尽管白棋拥有一只眼，但黑运用"金鸡独立"的技巧，把整块白棋都吃掉了。

倒扑是先把一个子送给对方吃，然后把更多的子吃回。"倒脱靴"则是先把几个子送给对方吃，然后再把几个子吃回。不过，运用"倒脱靴"时，先送出的几个子本来就是死子。

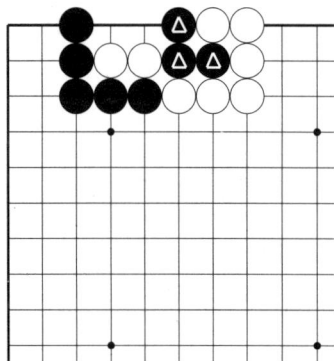

图 4

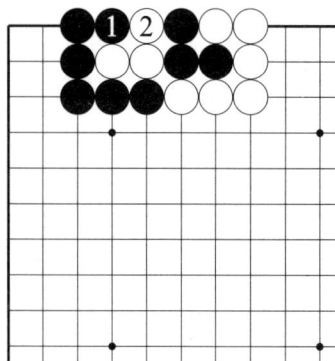

图 5

图4 黑▲三子本来就是死的，能利用这三个子做文章吗？

图5 接常规思路，总不能让死子越来越多吧？只要黑1顺手一冲，这里原本存在的手段也就随之消失了。

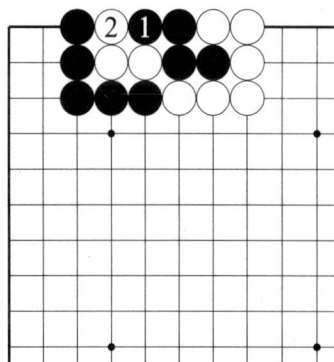

图 6

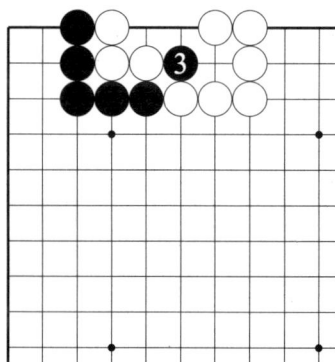

图 7

图6 黑1多送一子叫吃才对，白2只能提。

图7 接上图，黑3再打，能吃回白三子。

正是由于黑先多送一子给白吃，黑才吃到了原本吃不到的白子。这种先多送继而得以吃回的吃子方法，被人们形象地称为"倒脱靴"。

练习题

以下各图均为黑先，黑下A位能成立吗?

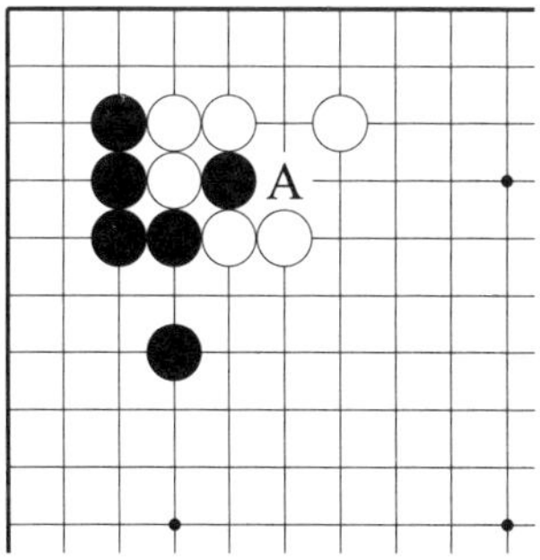

习题1

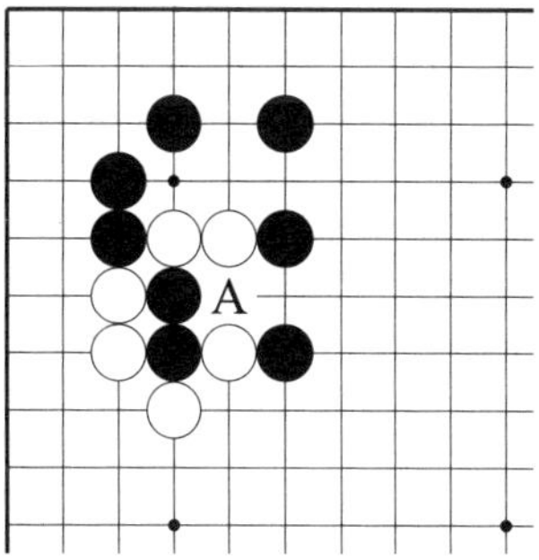

习题2

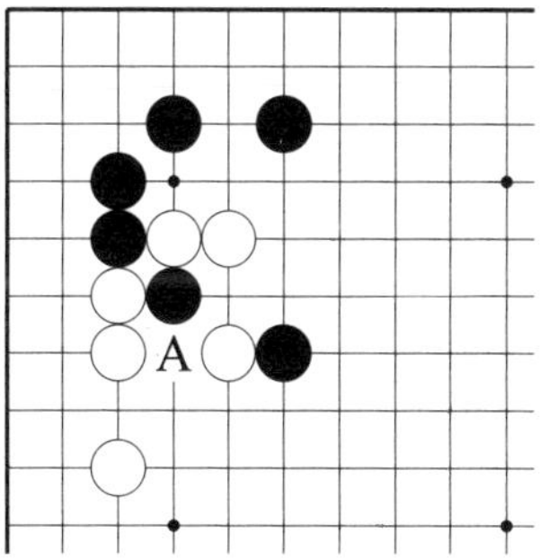

习题3

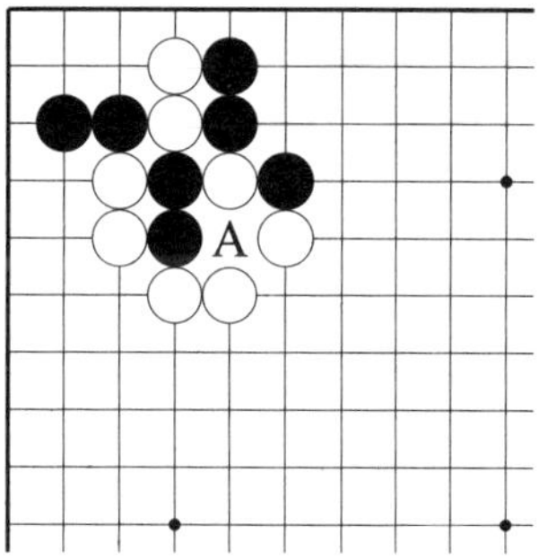

习题4

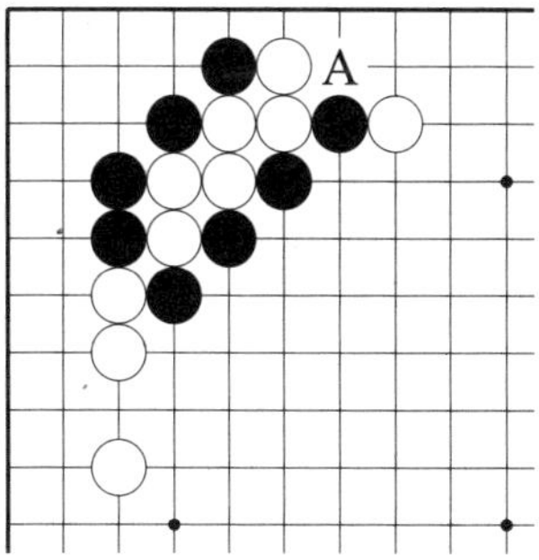

习题5

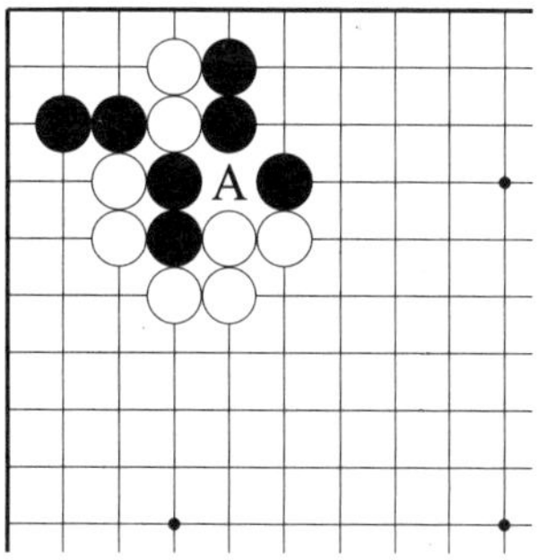

习题6

以下各图均为黑先，黑下A位能成立吗?

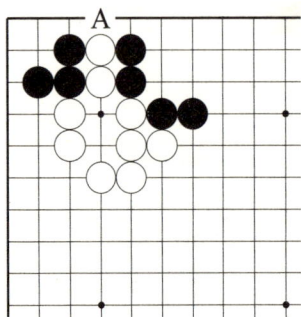

习题7

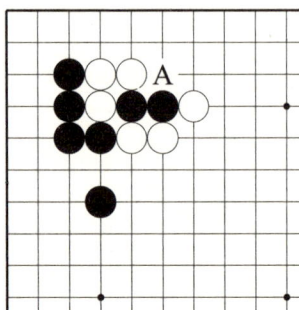

习题8

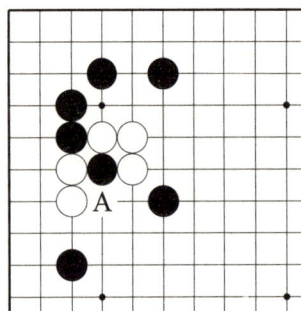

习题9

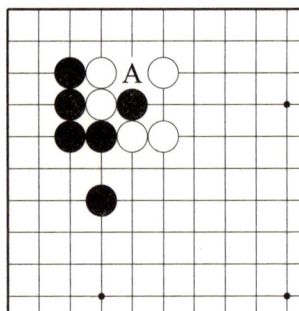

习题10

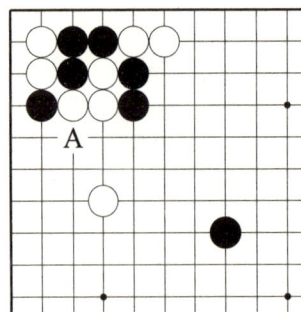

习题11

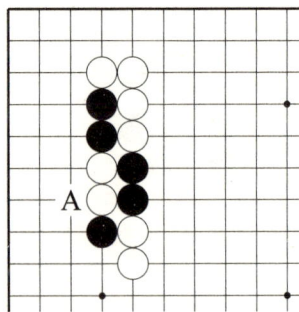

习题12

以下各图均为黑先，黑下A位能成立吗？

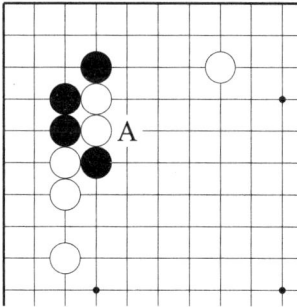

习题13

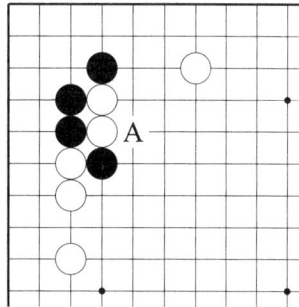

习题14

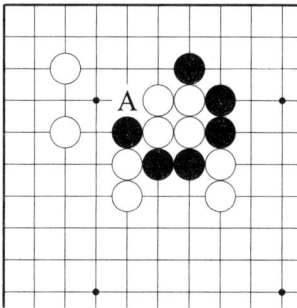

习题15

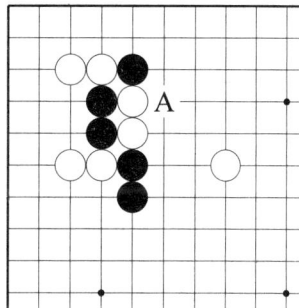

习题16

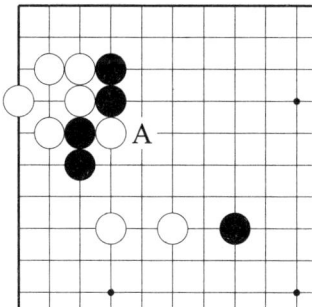

习题17

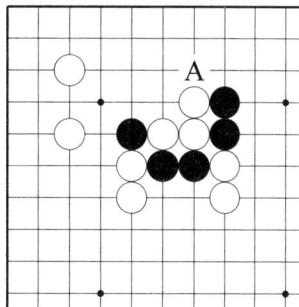

习题18

以下各图均为黑先，请在A和B中选择正确下法。

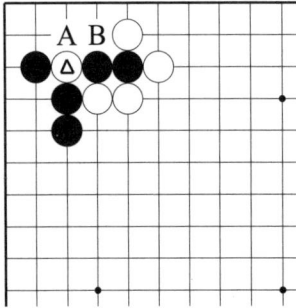

习题19

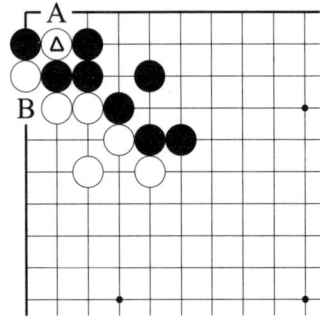

习题20

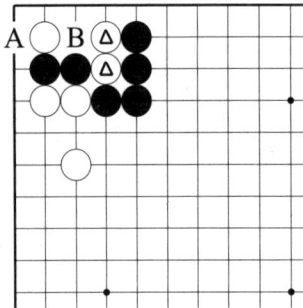

习题21

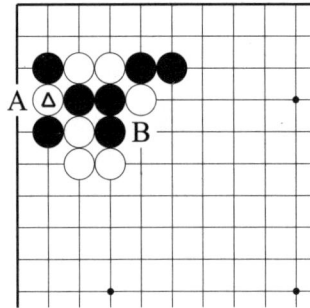

习题22

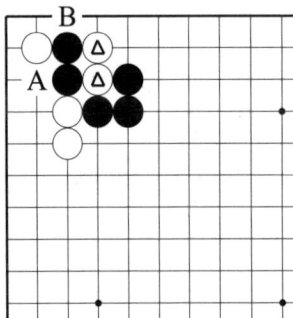

习题23

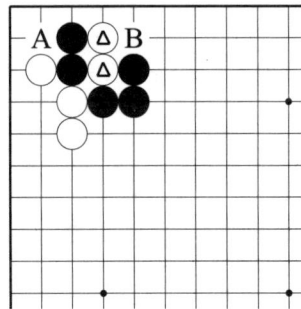

习题24

以下各图均为黑先，请在 A 和 B 中选择正确下法。

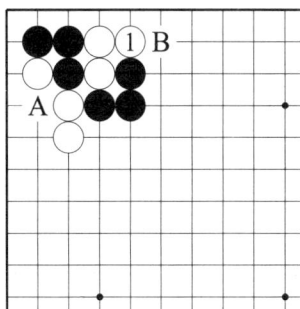

习题25

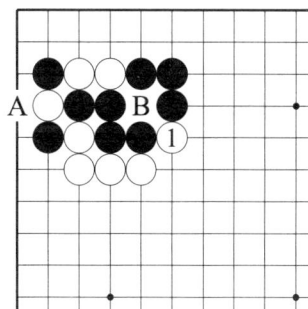

习题26

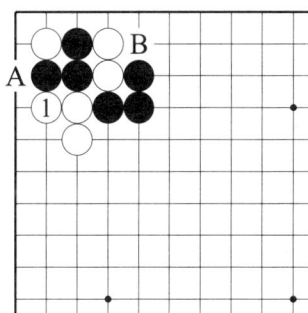

习题27

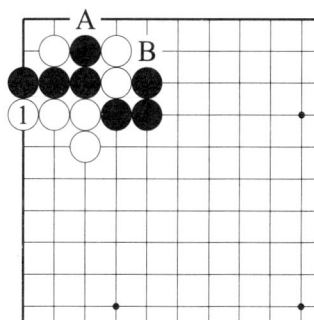

习题28

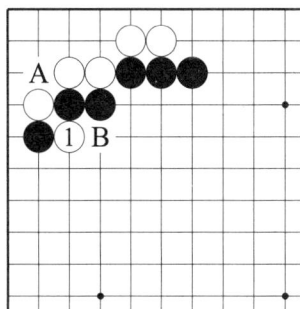

习题29

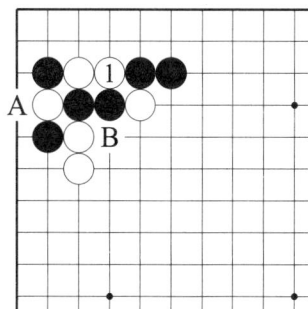

习题30

以下各图均为黑先，请在A和B中选择正确下法。

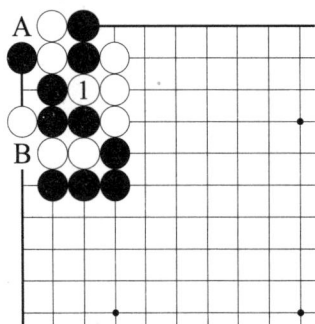

习题31

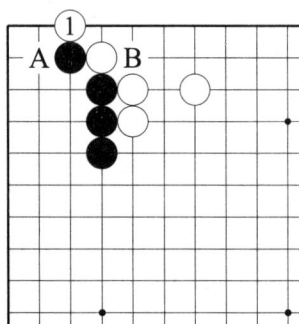

习题32

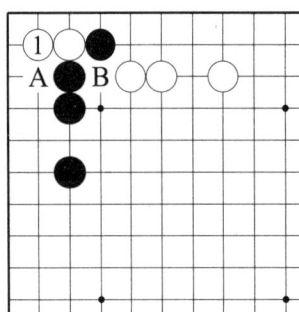

习题33

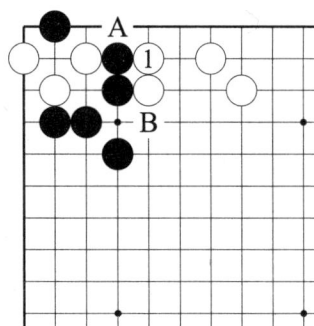

习题34

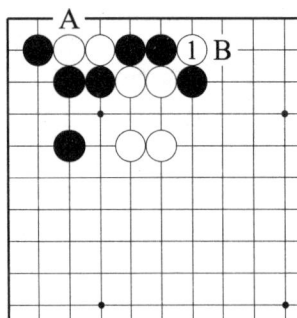

习题35

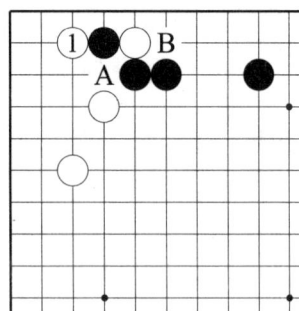

习题36

以下各图均为黑先，请在A和B中选择正确下法。

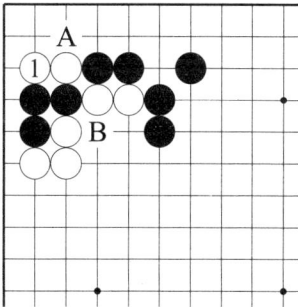

习题37

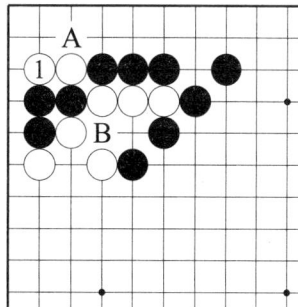

习题38

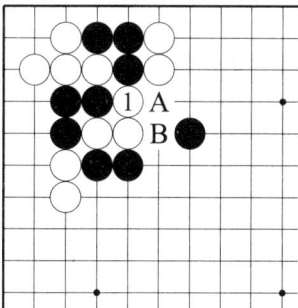

习题39

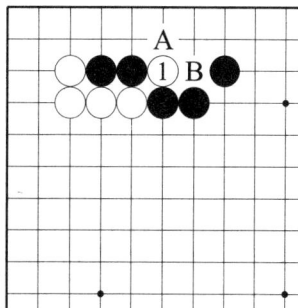

习题40

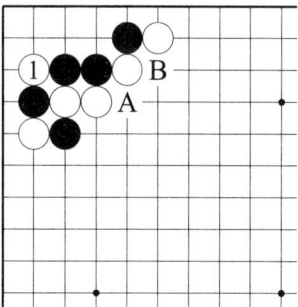

习题41

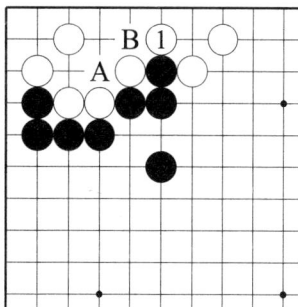

习题42

以下各图均为黑先，请在 A 和 B 中选择正确下法。

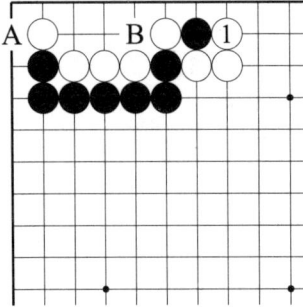

习题 43

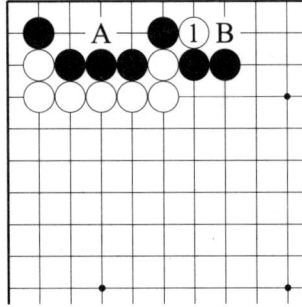

习题 44

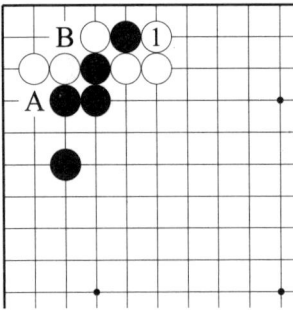

习题 45

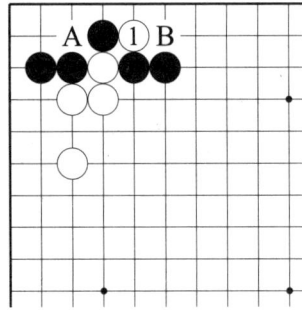

习题 46

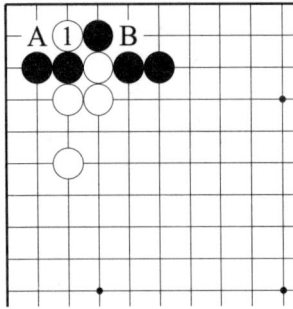

习题 47

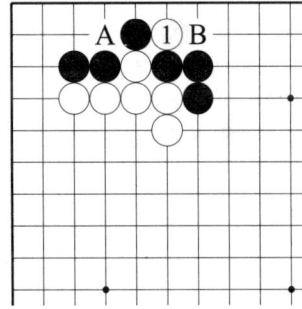

习题 48

以下各图均为黑先，请在 A 和 B 中选择正确下法。

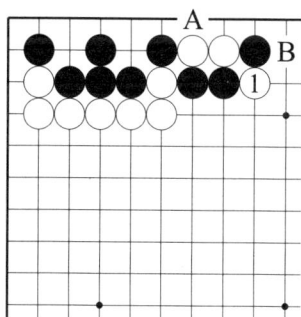

习题49

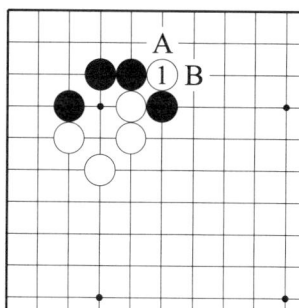

习题50

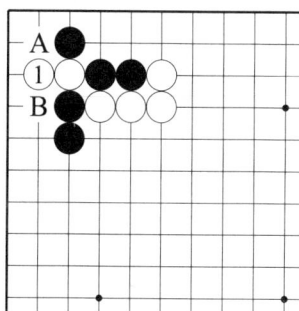

习题51

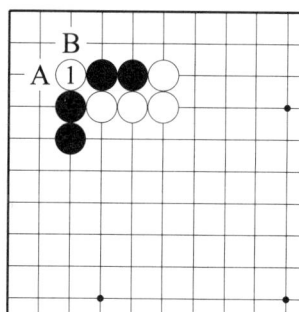

习题52

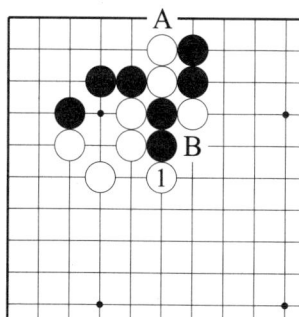

习题53

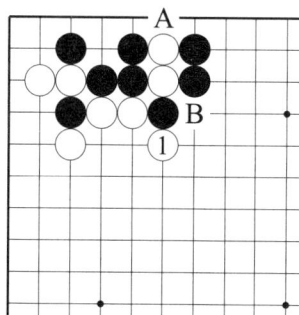

习题54

以下各图均为黑先，请在 A 和 B 中选择正确下法。

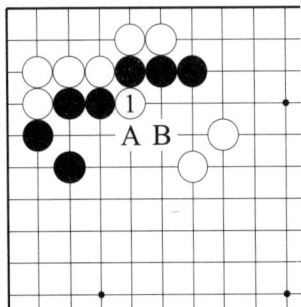

习题 55

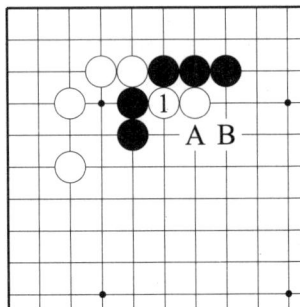

习题 56

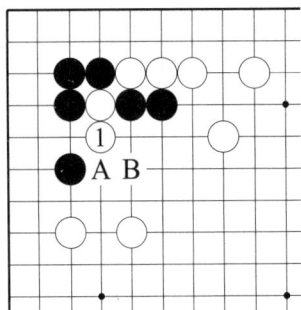

习题 57

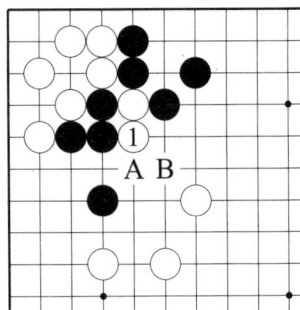

习题 58

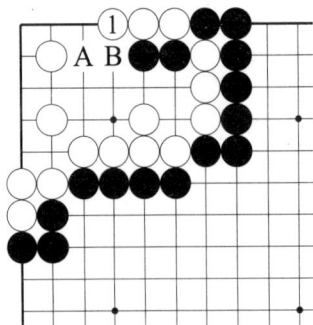

习题 59

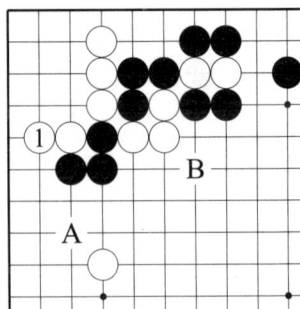

习题 60

以下各图均为黑先，请在A和B中选择正确下法。

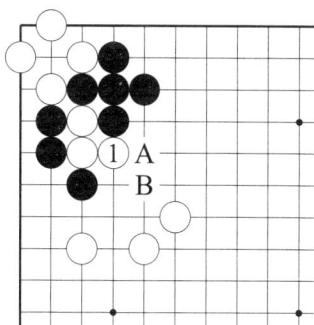

习题61

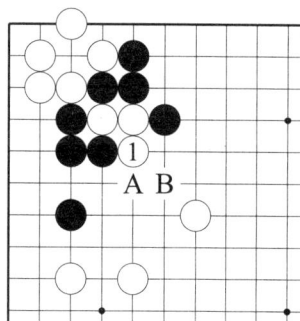

习题62

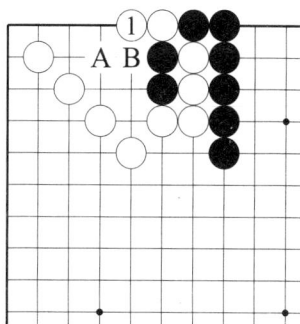

习题63

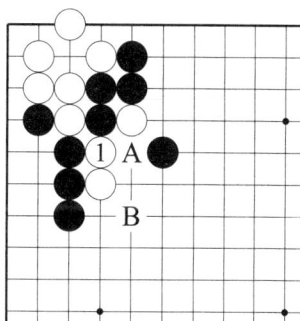

习题64

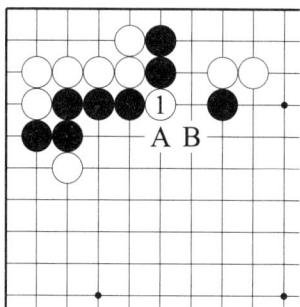

习题65

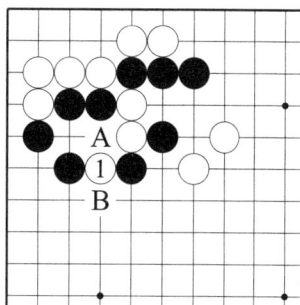

习题66

第1章　吃子训练

以下各图均为黑先，请在A和B中选择正确下法。

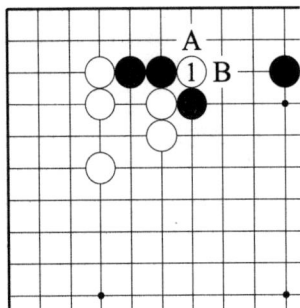
习题67

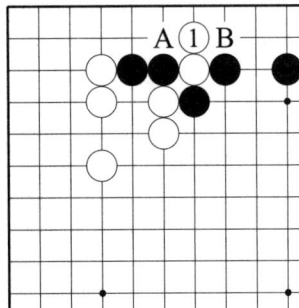
习题68

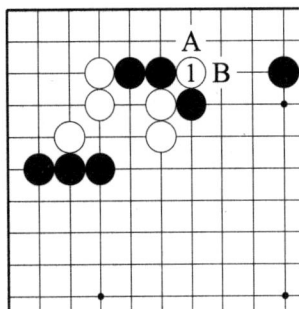
习题69

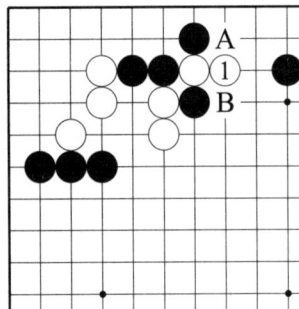
习题70

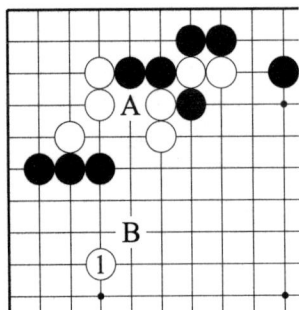
习题71

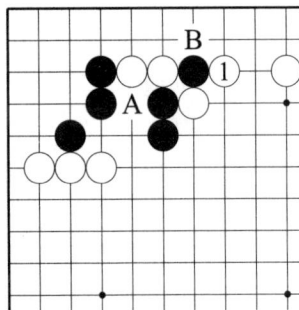
习题72

以下各图均为黑先，请在A和B中选择正确下法。

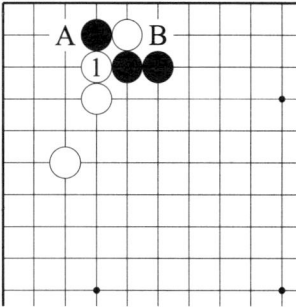

习题73

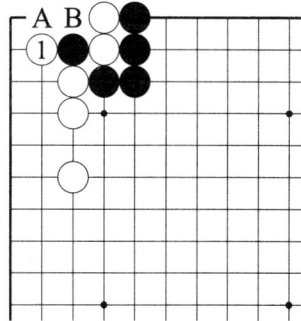

习题74

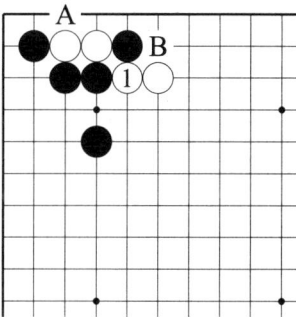

习题75

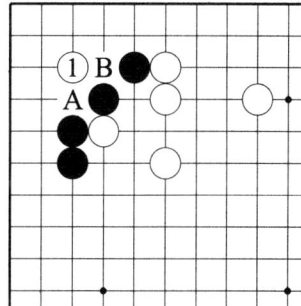

习题76

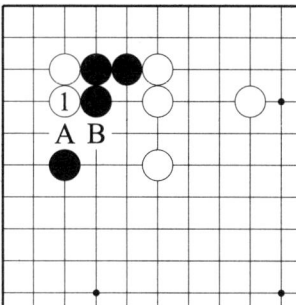

习题77

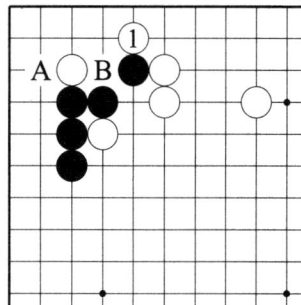

习题78

以下各图均为黑先，请在 A 和 B 中选择正确下法。

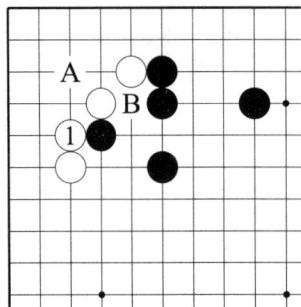

习题79

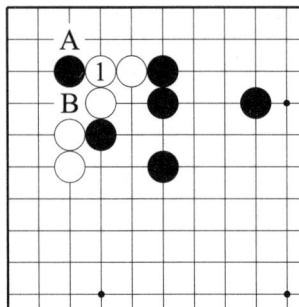

习题80

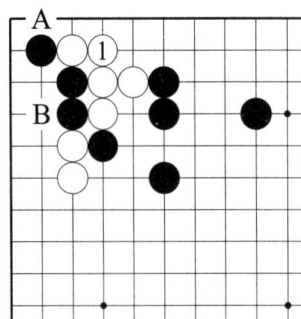

习题81

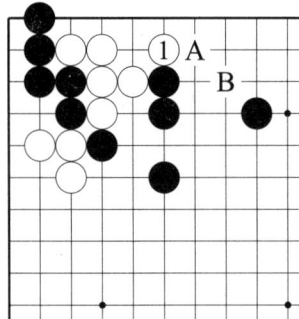

习题82

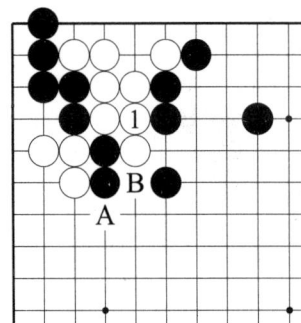

习题83

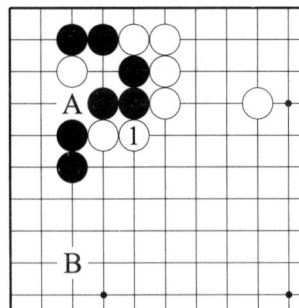

习题84

以下各图均为黑先，能吃住白△子吗？

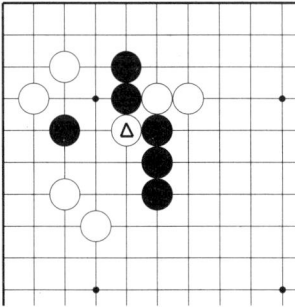

习题 85

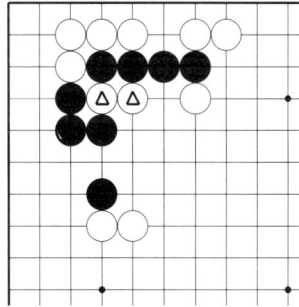

习题 86

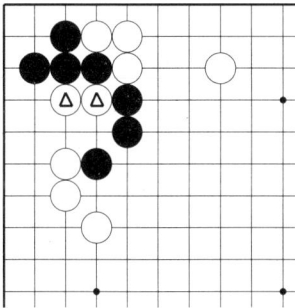

习题 87

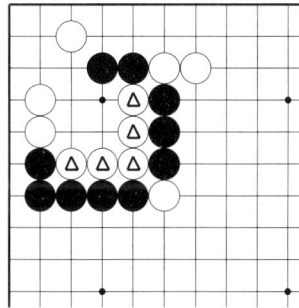

习题 88

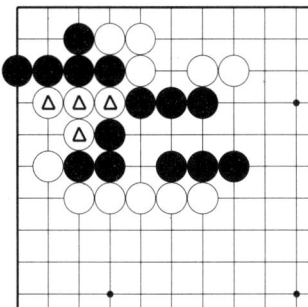

习题 89

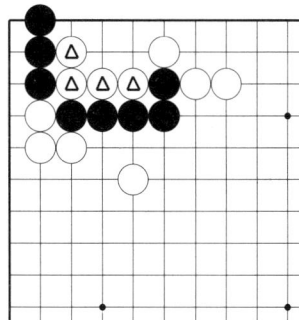

习题 90

以下各图均为黑先，能吃住白⊘子吗？

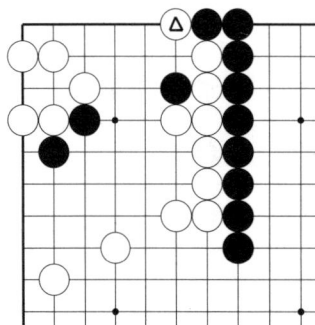

习题91

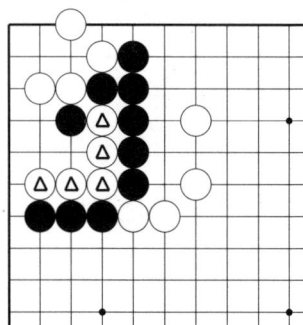

习题92

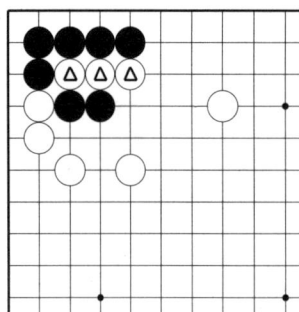

习题93

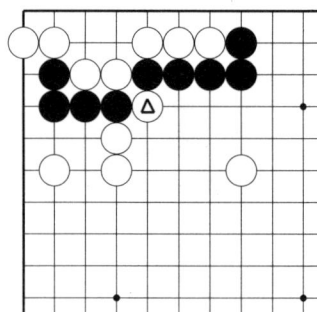

习题94

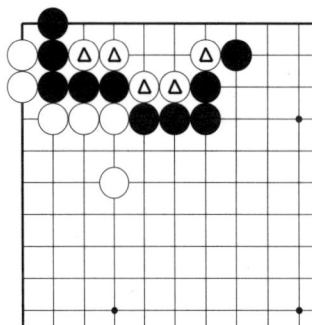

习题95

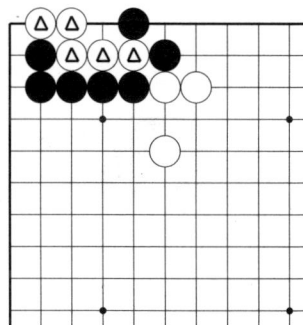

习题96

练习题解答

习题1 ~习题 6 解答：不能，不能，不能，不能，能，能

习题7 ~习题12 解答：能，不能，能，能，不能，能

习题13~习题18 解答：能，不能，能，不能，不能，能

习题19~习题24 解答：A，B，B，B，A，A

习题25~习题30 解答：B，A，A，B，A，B

习题31~习题36 解答：A，B，B，A，B，A

习题37~习题42 解答：B，B，A，A，A，A

习题43~习题48 解答：B，A，B，A，A，A

习题49~习题54 解答：A，B，A，B，B，B

习题55~习题60 解答：B，B，B，B，A，B

习题61~习题66 解答：B，B，A，B，B，B

习题67~习题72 解答：B，B，A，A，A，B

习题73~习题78 解答：A，A，B，A，B，B

习题79~习题84 解答：A，B，A，A，B，A

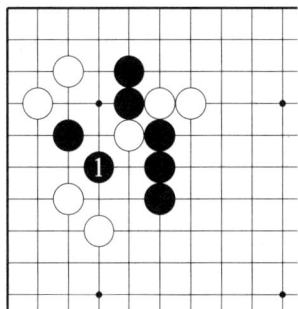

习题85解答

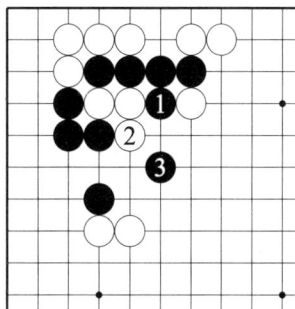

习题86解答

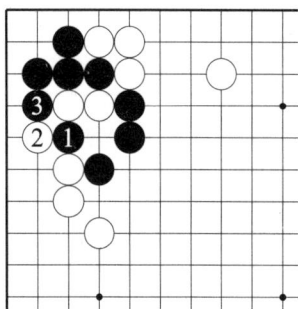

习题87解答

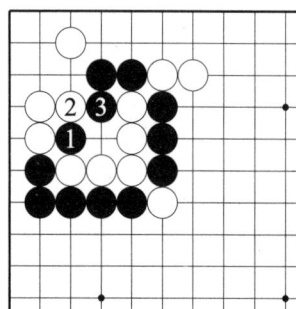

习题88解答

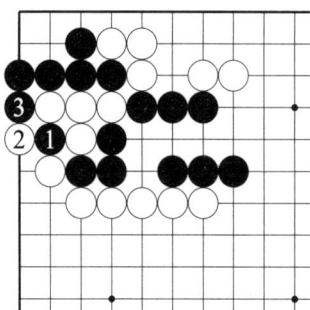

习题89解答

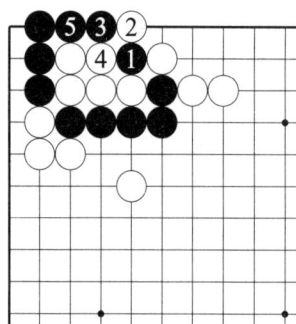

习题90解答

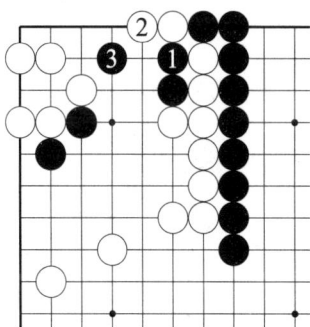

习题91解答

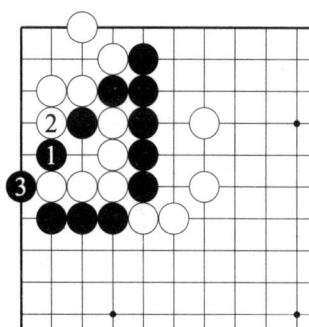

习题92解答

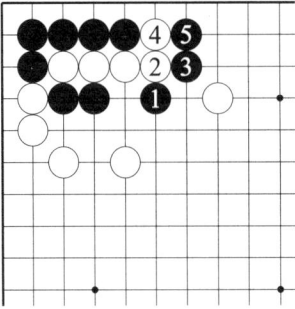

习题93解答

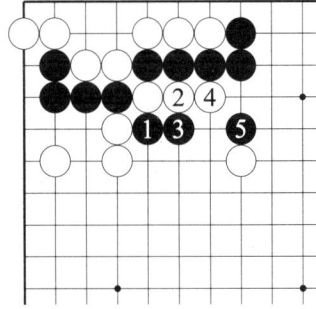

习题94解答

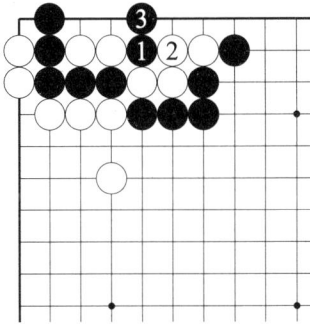

习题95解答（正解）

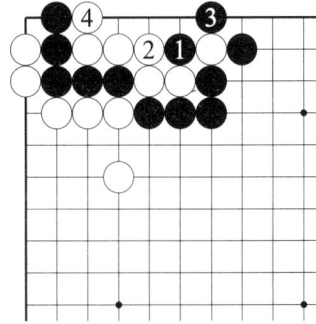

习题95解答（失败）

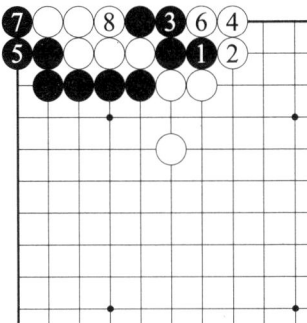

习题96解答（正解）

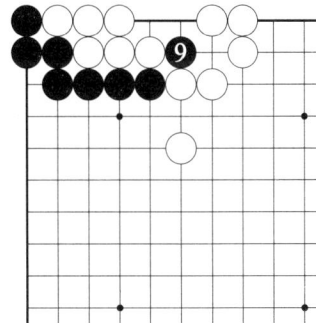

习题96解答（续正解）

第2章 连接与分断训练

实战中往往存在许多巧妙切断的机会，就看你能不能发现了。

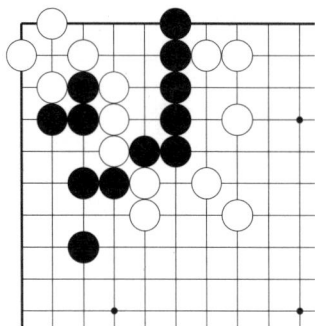

图　1

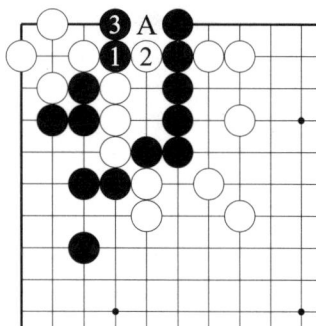

图　2

图1　右侧黑六子已经被包围了。黑先，能把这些黑子救出来吗?

图2　黑1断成立，白2若打吃，黑3立下，A位白子放不进去。

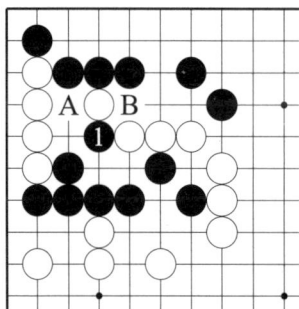

图　3

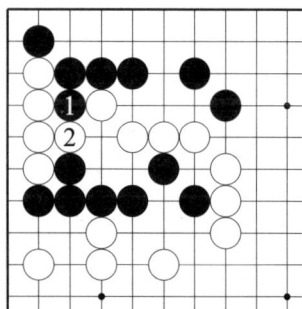

图　4

图3　黑1挤断抓住了要领，以下A、B两点黑必得其一。如果不把二路上的四个白子断开，已被围住的黑七子难逃。

图4　黑若糊里糊涂地1位一冲，白2挡住之后，机会便转瞬而去。

当你的棋子被包围已无路可走时，往往会促使你去挖空心思地想办法；而当你没有此种紧迫感时，现成的施展妙手的机会便很容易从眼前溜过去。

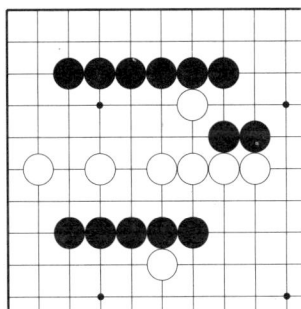

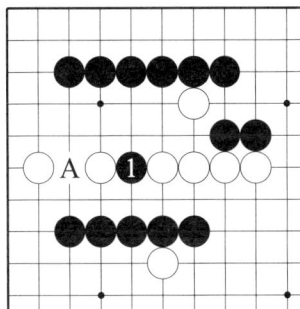

图 5   图 6

图5　现在的黑棋就很安全，下侧黑五子的出路还有的是。黑有没有断吃白棋的手段？

图6　黑1挖正确，接下来不管白棋从哪边打吃这个子都不行。黑1如改在A位挖，就什么棋也没有了。

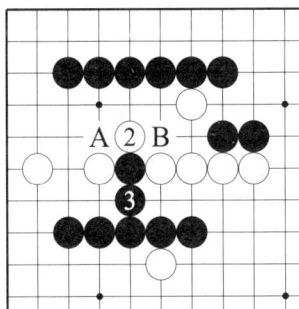

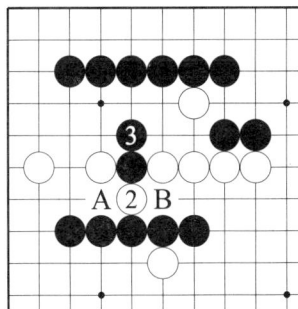

图 7   图 8

图7　我们先来看白2打，黑3当然接住，可以看到现在出现了A、B两个断点。接下来白若在A位接，黑就在B位断；白若接B位，黑就A位断。估计为尽量减少损失，将来白会补去B位断点，但无论如何，左侧的两个白子总要被断吃。

图8　白2换个方向打显然更不行，黑3后看得很清楚，白不可能把A、B两个断点都接上。

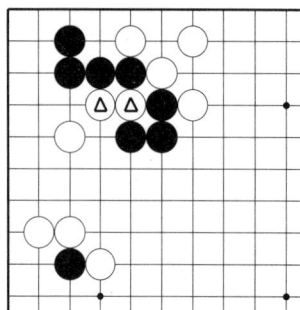

图　9

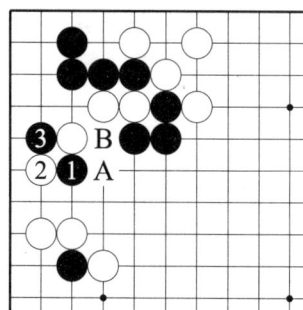

图　10

图9　黑棋被一分为二，处于危险的境地。分断黑棋的是白△二子，通常把类似白△这样的重要棋子称作"棋筋"。

图10　黑1先搭，白2总不能在A位扳，那样的话黑B位一断，白二子明显被吃。白2只能从下面扳，此时黑3断很妙，人称"相思断"。黑1、3这两个子哪个都可舍掉，只要把作为棋筋的白二子吃住，便大功告成。

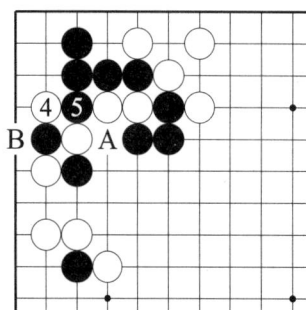

图　11

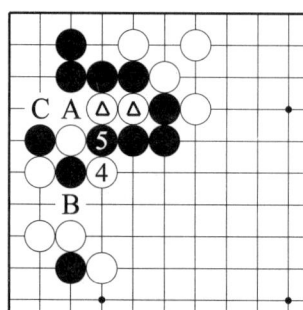

图　12

图11　接下来，白4打吃二路上的黑子，黑5挤打，白已不能在A位接，只好B位提，于是黑得以A位提。

图12　白4换个方向打吃黑三路一子，黑5也换个方向挤打，这回白不能在A位接，只好B位提，于是黑不仅可在A位提，还可C位拉回一子吃白△子接不归。

练习题

以下各图均为黑先,请在 A 和 B 中选择正确下法。

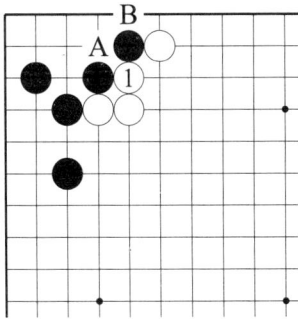

习题1

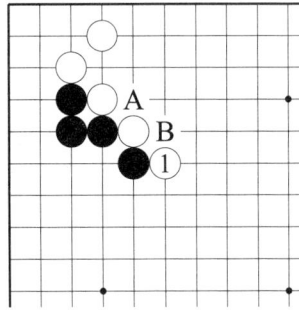

习题2

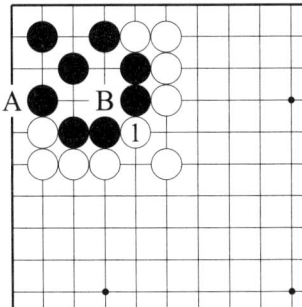

习题3

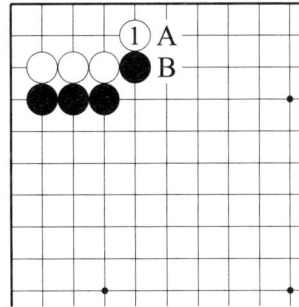

习题4

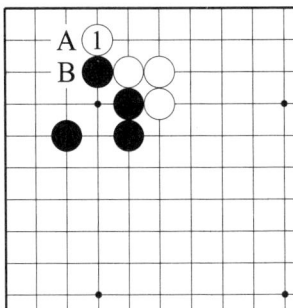

习题5

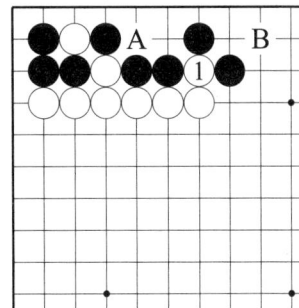

习题6

以下各图均为黑先，请在 A 和 B 中选择正确下法。

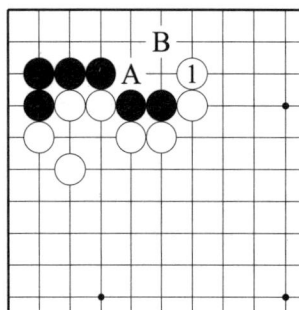

习题7

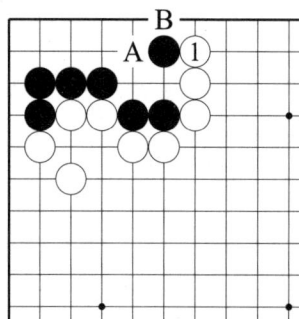

习题8

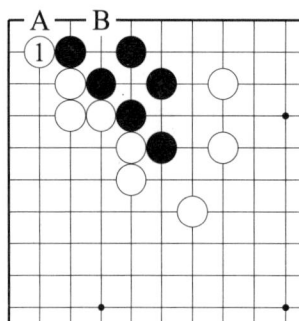

习题9

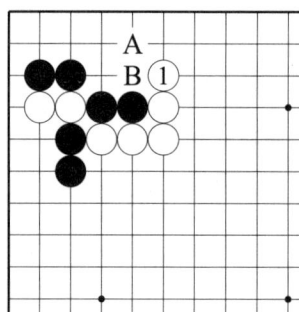

习题10

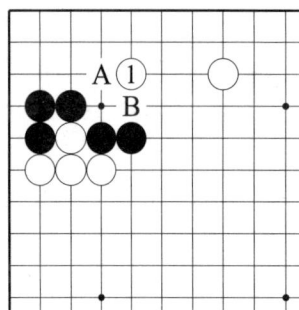

习题11

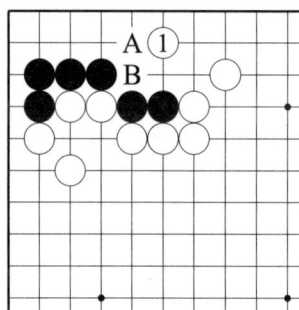

习题12

以下各图均为黑先，请在A和B中选择正确下法。

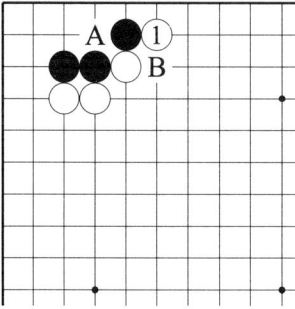

习题13

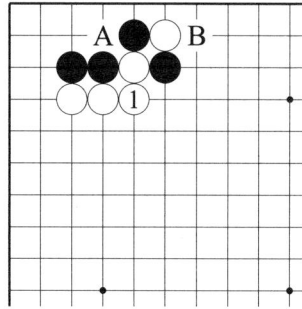

习题14

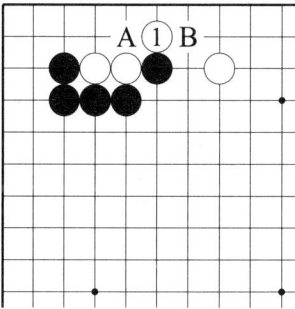

习题15

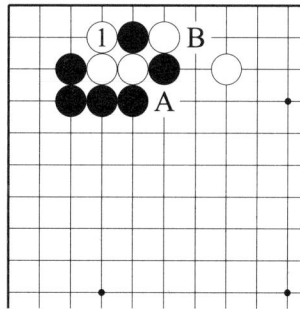

习题16

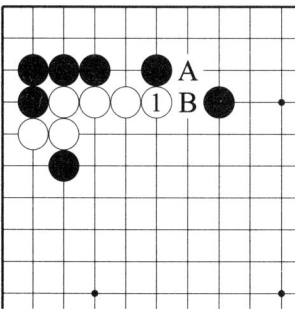

习题17

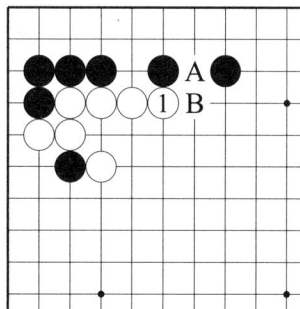

习题18

以下各图均为黑先，请在 A 和 B 中选择正确下法。

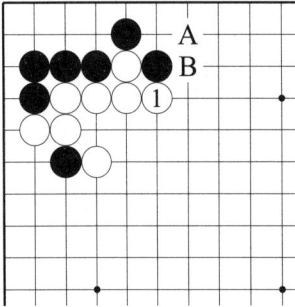

习题19

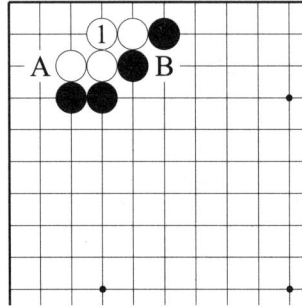

习题20

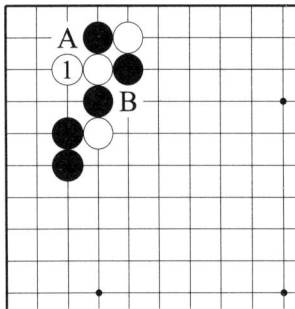

习题21

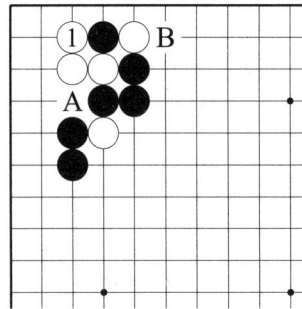

习题22

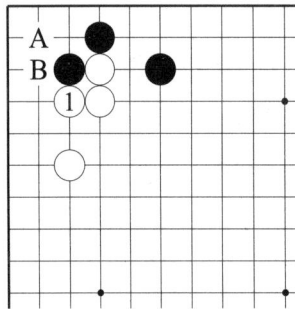

习题23

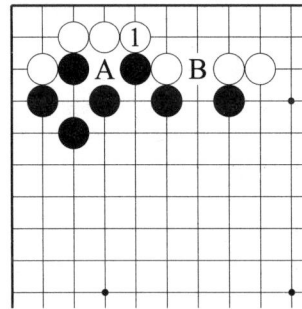

习题24

以下各图均为黑先，请在 A 和 B 中选择正确下法。

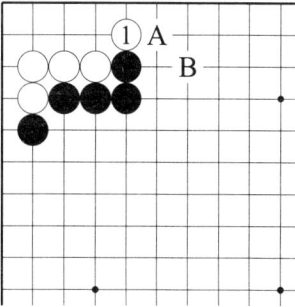

习题 25

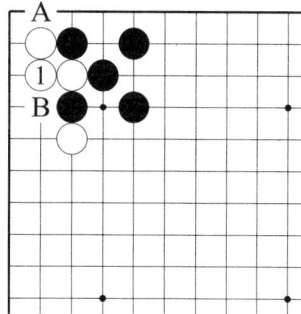

习题 26

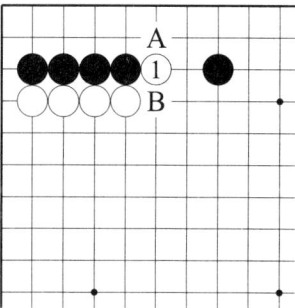

习题 27

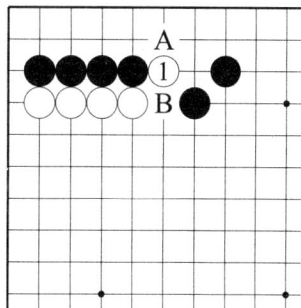

习题 28

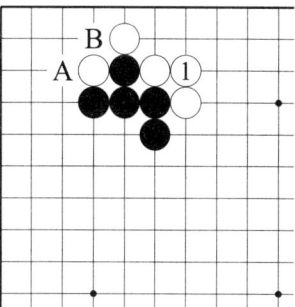

习题 29

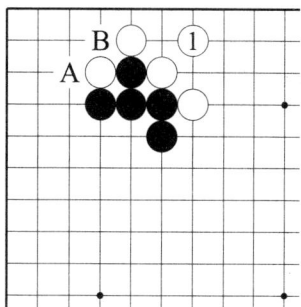

习题 30

以下各图均为黑先，请在A和B中选择正确下法。

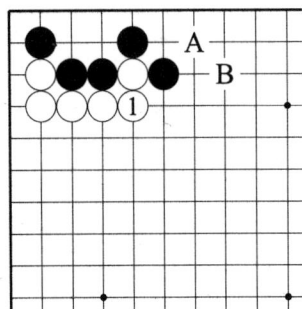

习题31

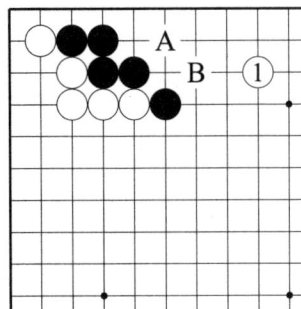

习题32

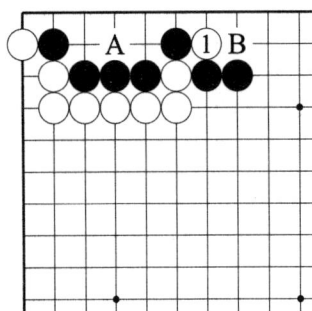

习题33

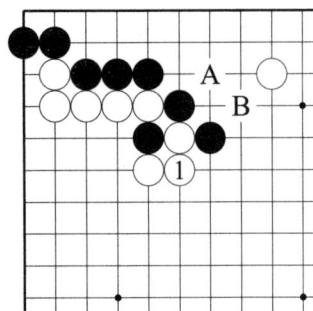

习题34

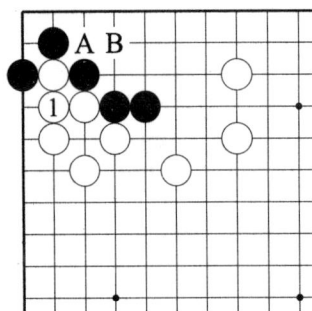

习题35

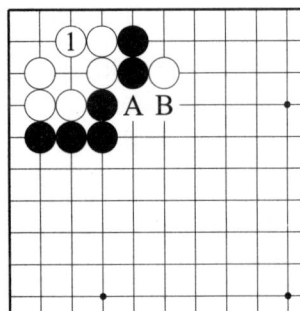

习题36

以下各图均为黑先，请在 A 和 B 中选择正确下法。

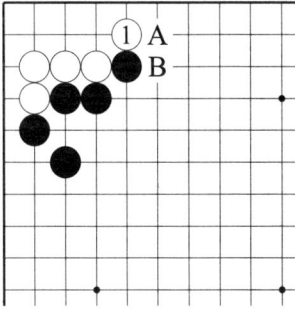

习题 37

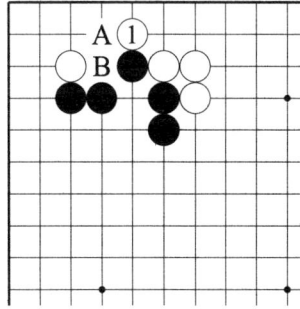

习题 38

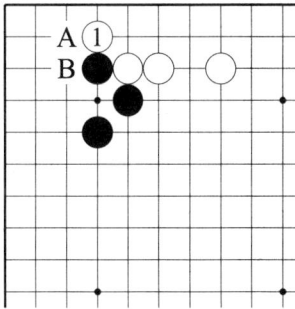

习题 39

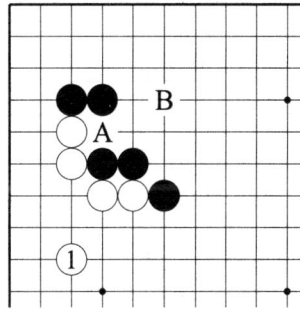

习题 40

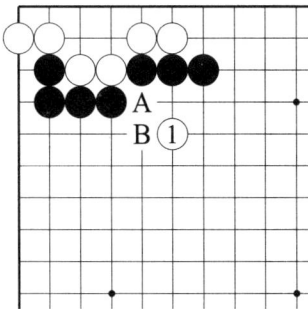

习题 41

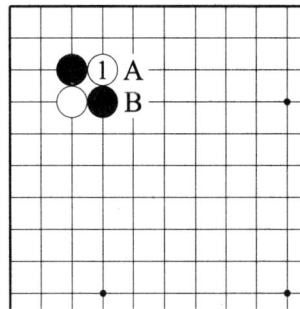

习题 42

以下各图均为黑先，请在A和B中选择正确下法。

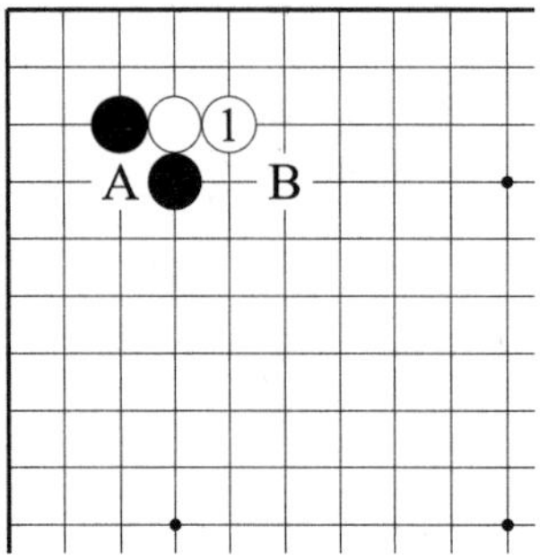

习题43

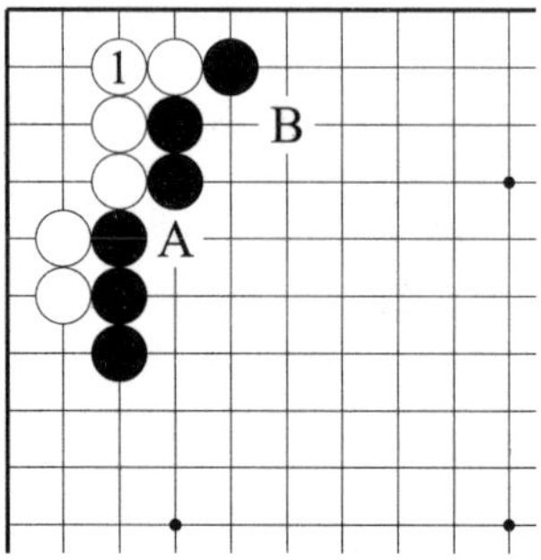

习题44

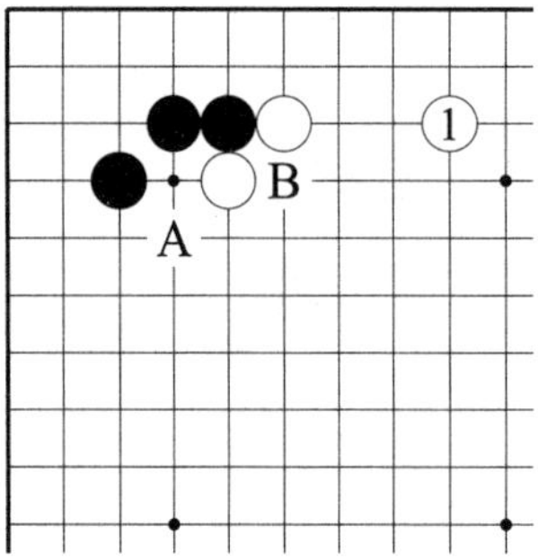

习题45

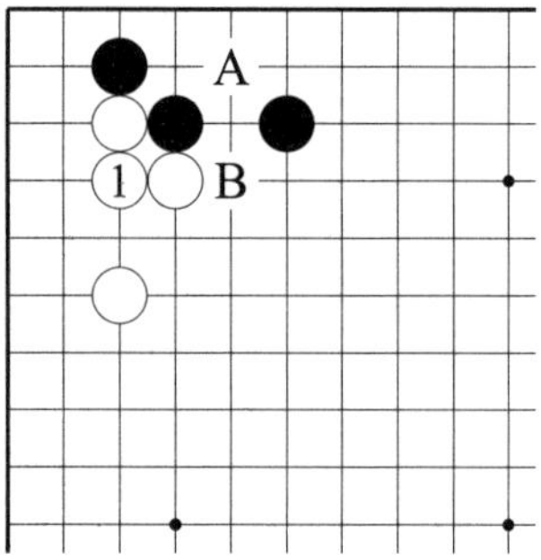

习题46

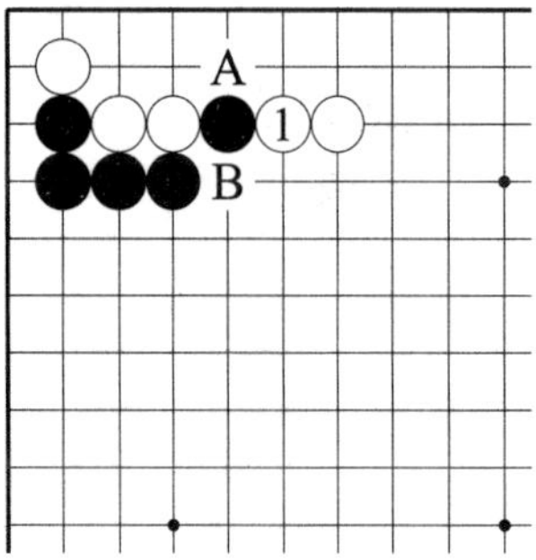

习题47

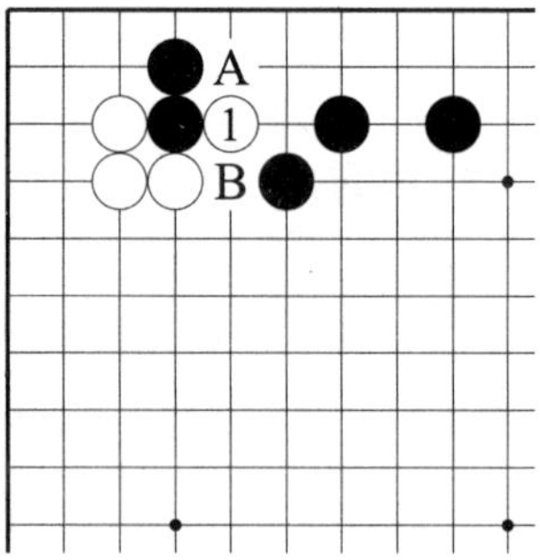

习题48

以下各图均为黑先，请在 A 和 B 中选择正确下法。

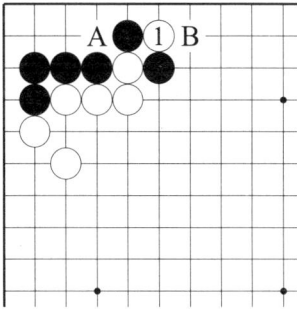

习题 49

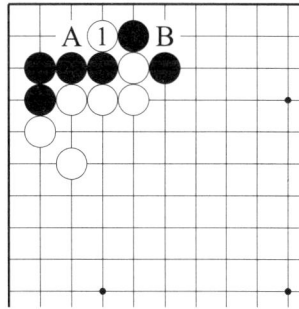

习题 50

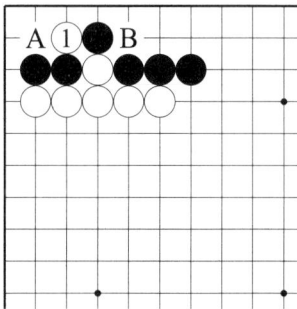

习题 51

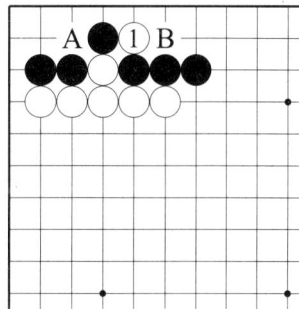

习题 52

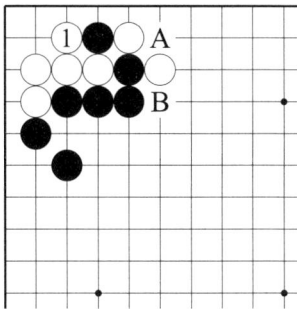

习题 53

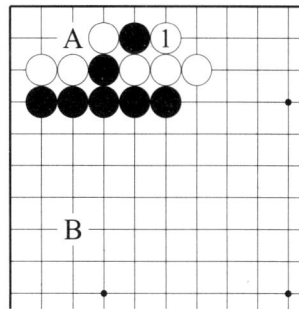

习题 54

33

以下各图均为黑先，请在 A 和 B 中选择正确下法。

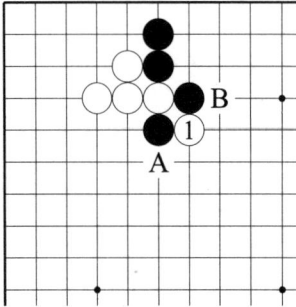

习题 55

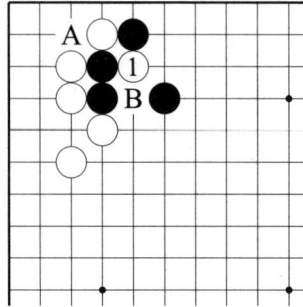

习题 56

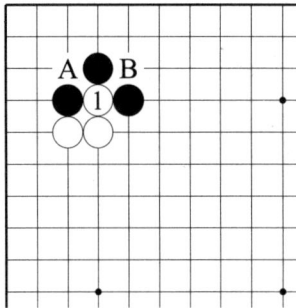

习题 57

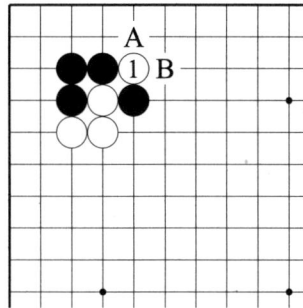

习题 58

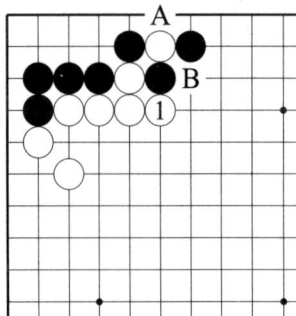

习题 59

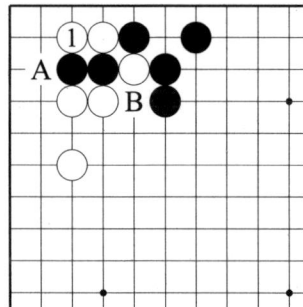

习题 60

以下各图均为黑先，请在A和B中选择正确下法。

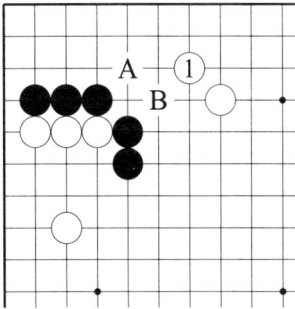

习题61

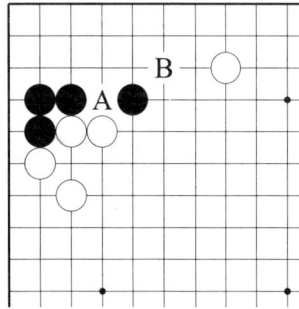

习题62

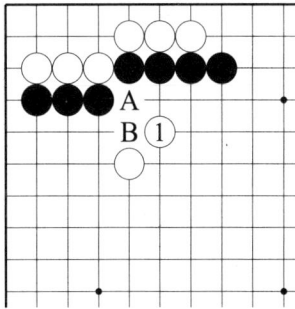

习题63

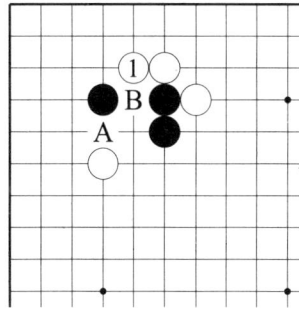

习题64

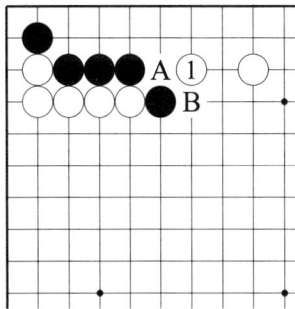

习题65

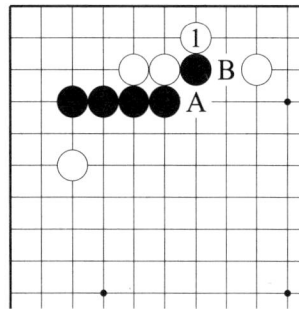

习题66

以下各图均为黑先，黑需要在 A 位下子吗？

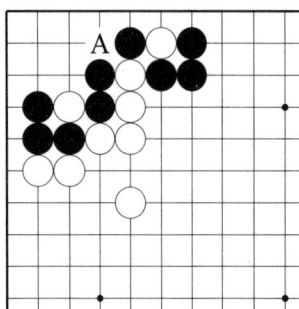

习题 67

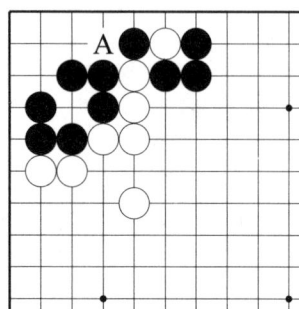

习题 68

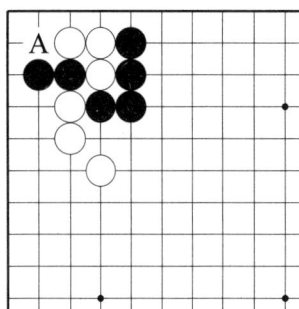

习题 69

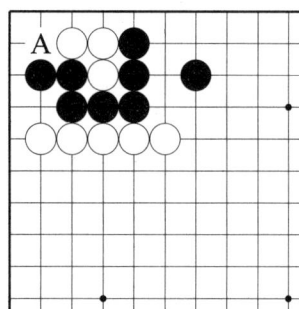

习题 70

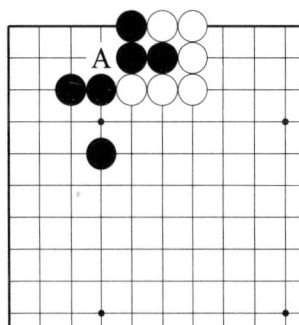

习题 71

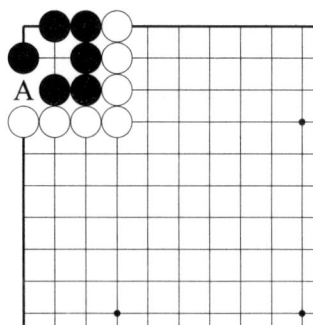

习题 72

以下各图均为黑先，黑需要在 A 位下子吗?

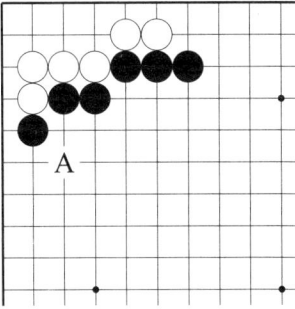

习题 73

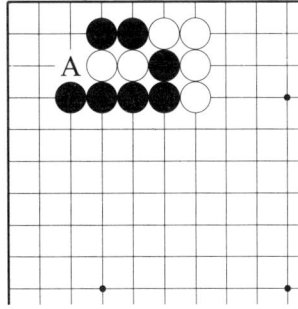

习题 74

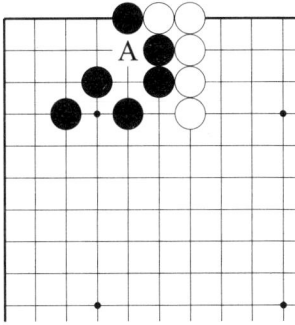

习题 75

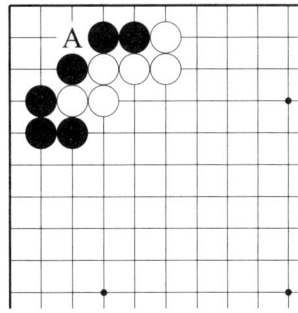

习题 76

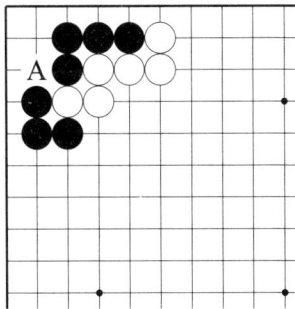

习题 77

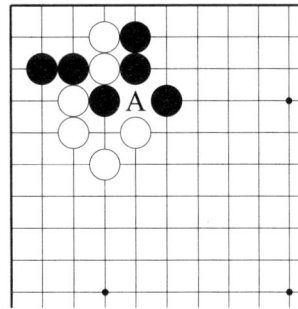

习题 78

以下各图均为黑先，黑需要在A位下子吗?

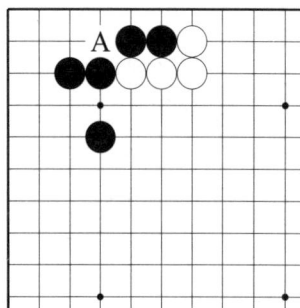

习题79

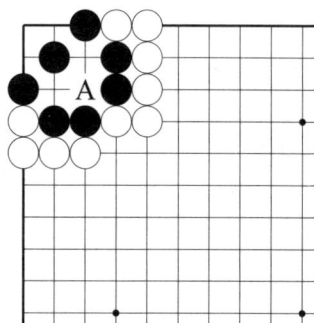

习题80

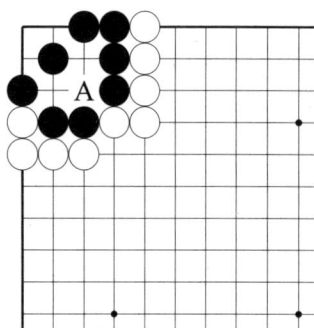

习题81

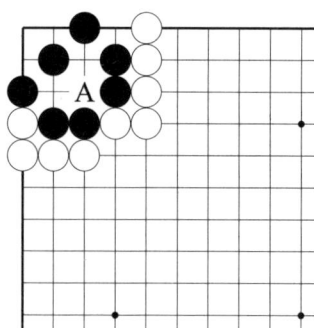

习题82

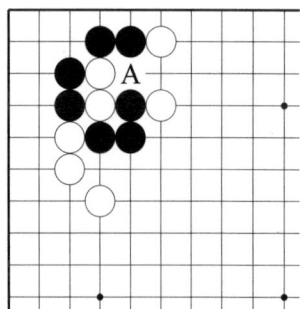

习题83

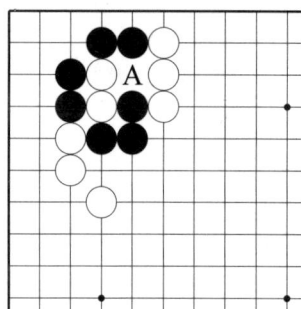

习题84

以下各图均为黑先，黑需要在 A 位下子吗？

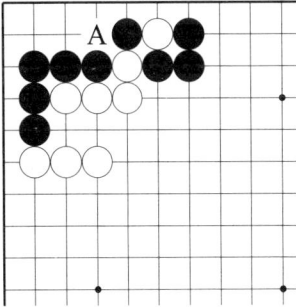

习题 85

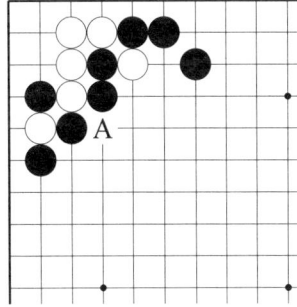

习题 86

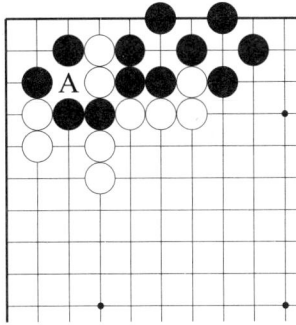

习题 87

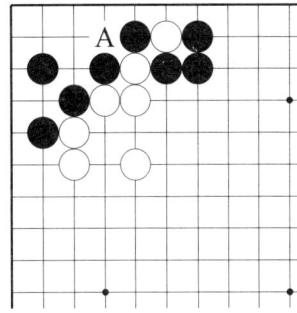

习题 88

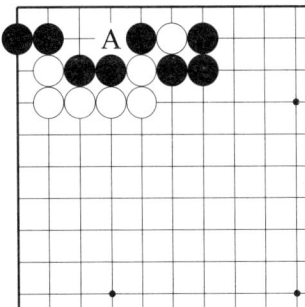

习题 89

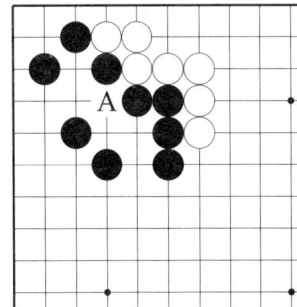

习题 90

以下各图均为黑先，黑需要在A位下子吗？

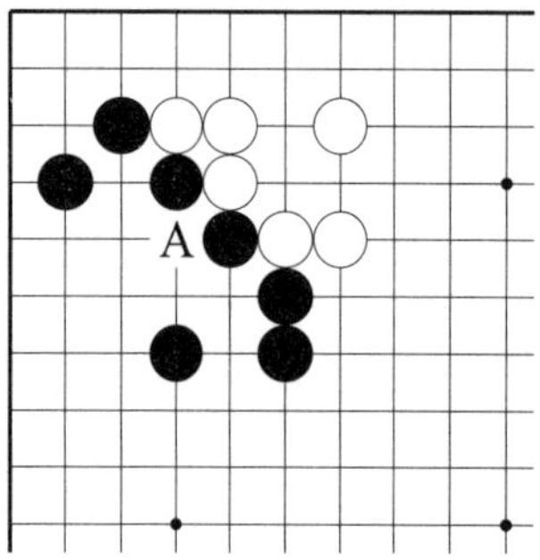

习题91

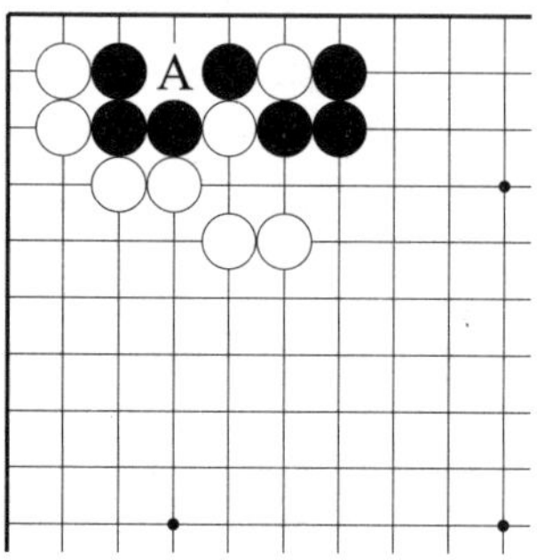

习题92

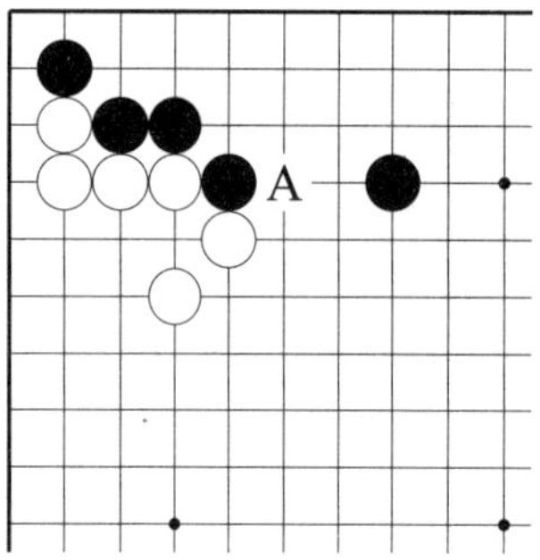

习题93

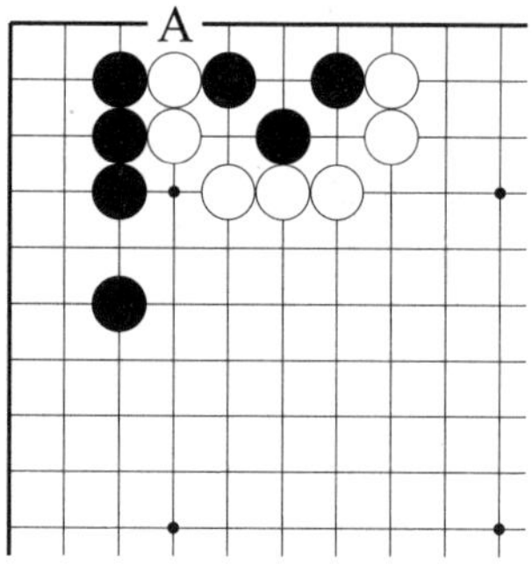

习题94

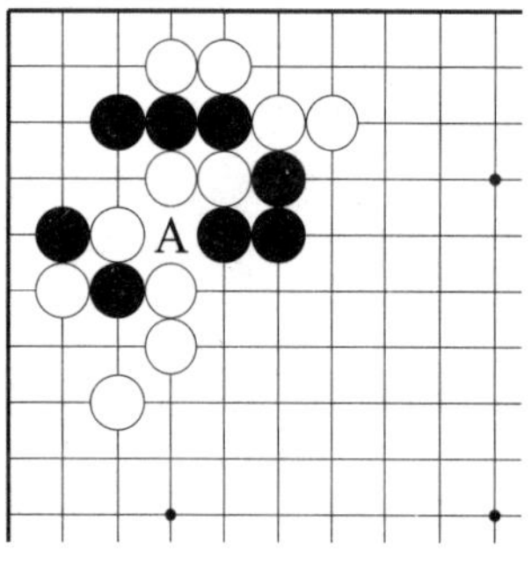

习题95

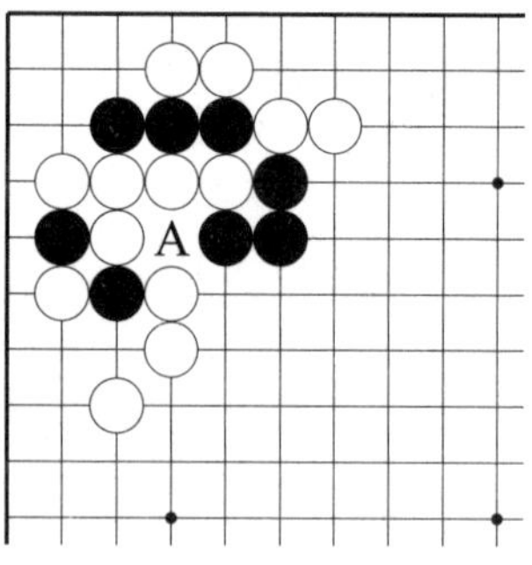

习题96

以下各图均为黑先，黑下 A 位是好棋还是坏棋?

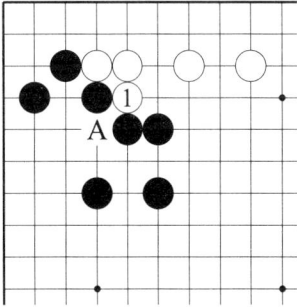

习题97

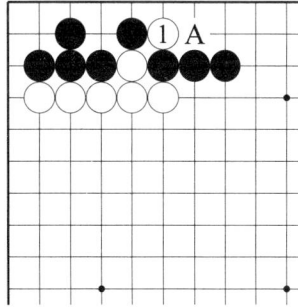

习题98

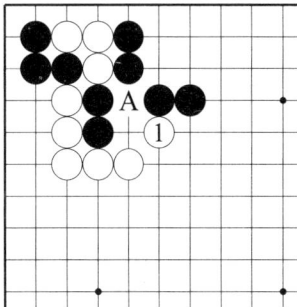

习题99

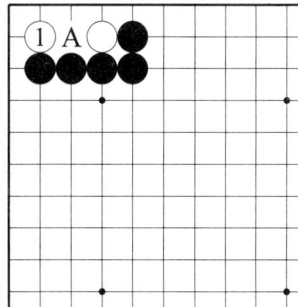

习题100

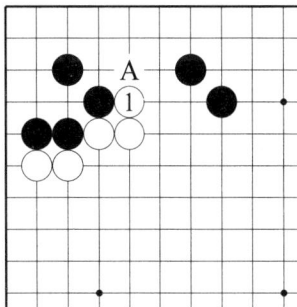

习题101

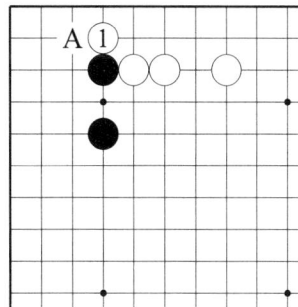

习题102

以下各图均为黑先，黑下 A 位是好棋还是坏棋?

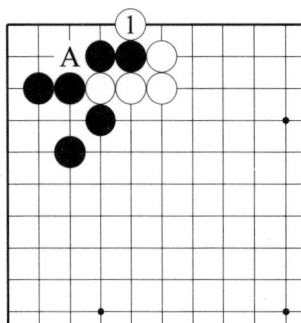

习题 103

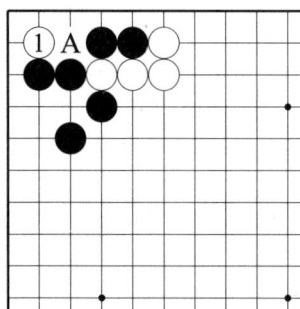

习题 104

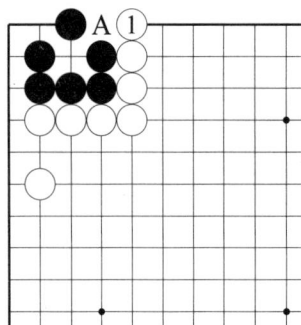

习题 105

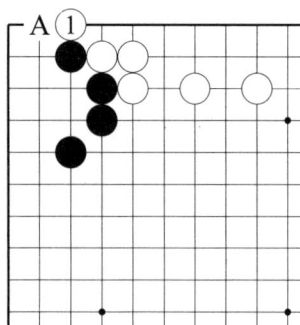

习题 106

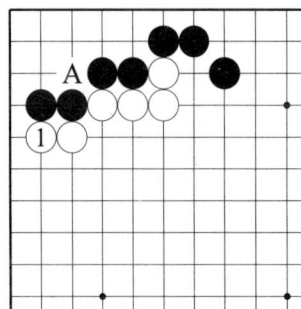

习题 107

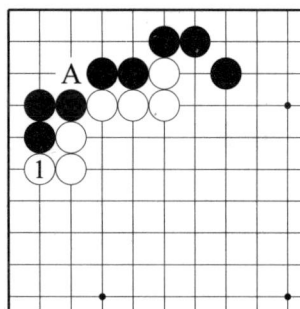

习题 108

以下各图均为黑先，黑下A位是好棋还是坏棋？

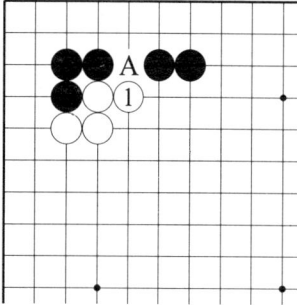

习题109

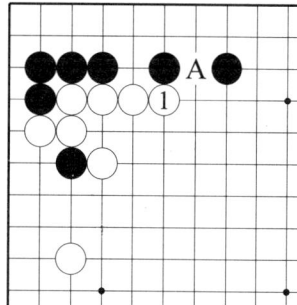

习题110

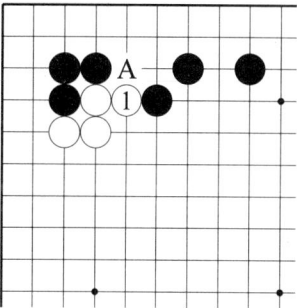

习题111

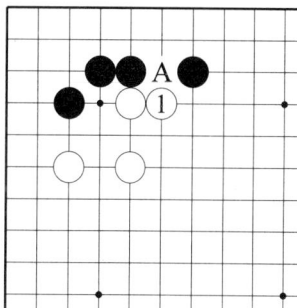

习题112

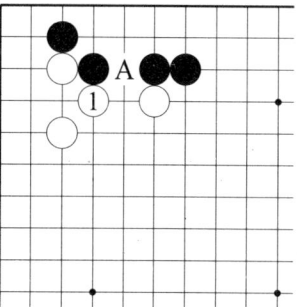

习题113

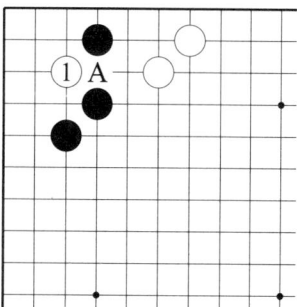

习题114

以下各图均为黑先，黑下A位是好棋还是坏棋？

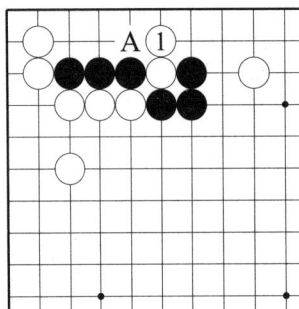

习题115

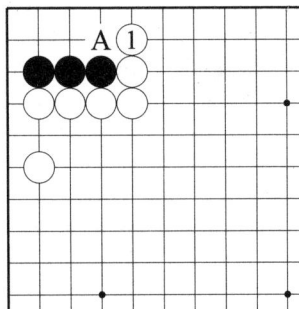

习题116

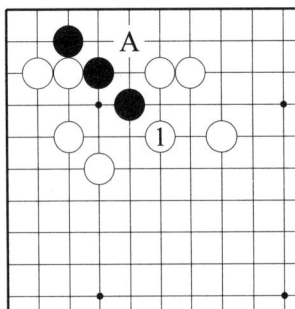

习题117

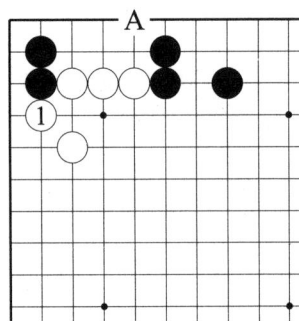

习题118

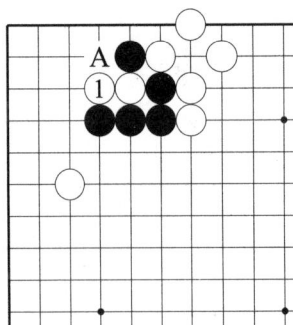

习题119

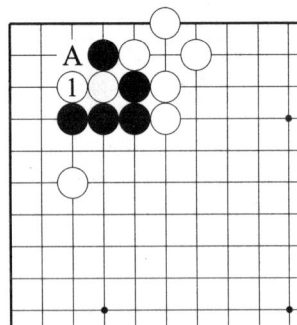

习题120

以下各图均为黑先，黑下 A 位是好棋还是坏棋？

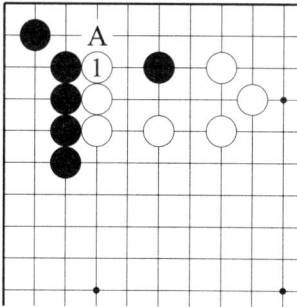

习题 121

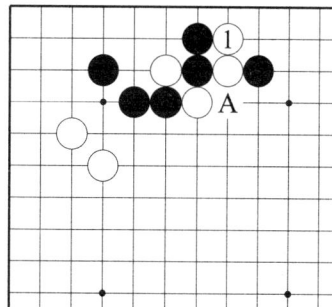

习题 122

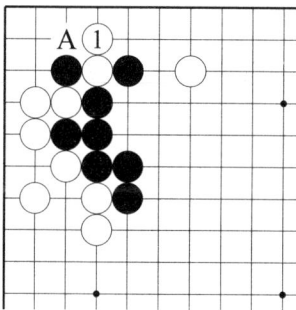

习题 123

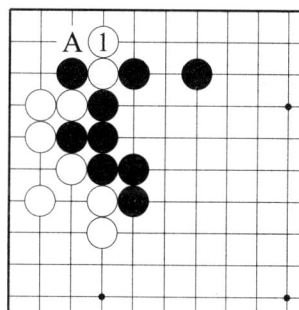

习题 124

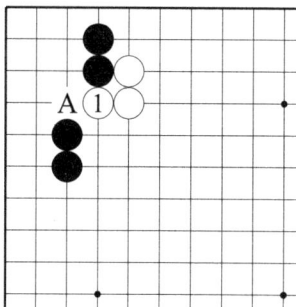

习题 125

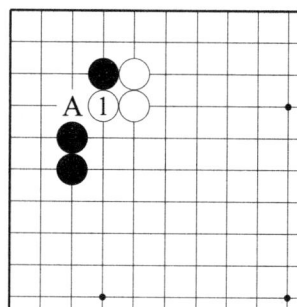

习题 126

以下各图均为黑先，黑下A位能成功联络吗？

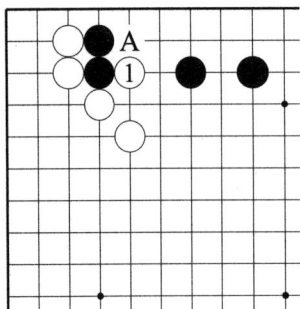

习题127

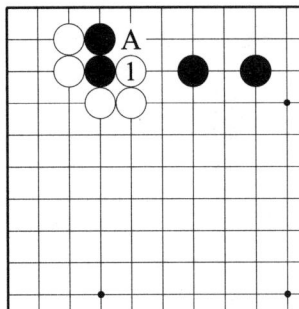

习题128

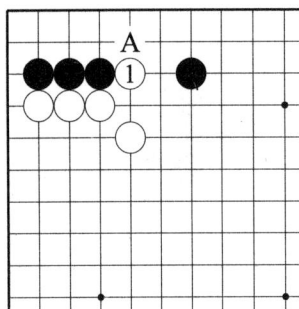

习题129

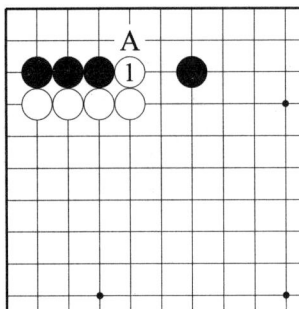

习题130

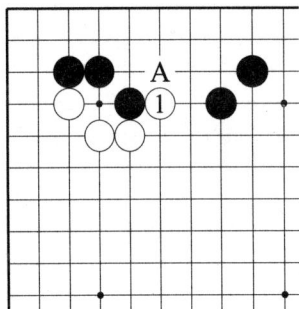

习题131

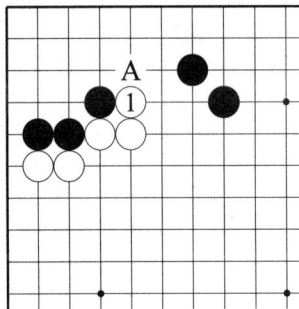

习题132

以下各图均为黑先，黑下A位能成功联络吗?

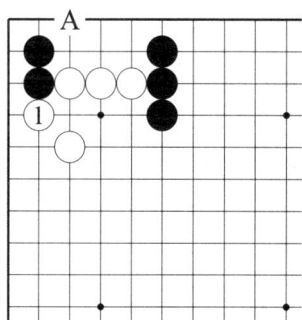

习题133

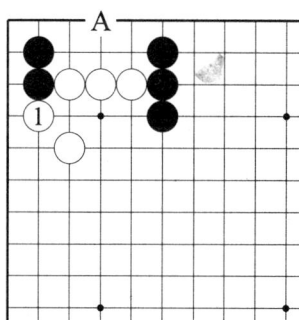

习题134

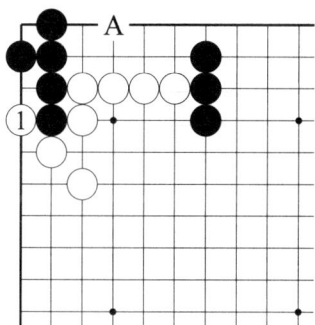

习题135

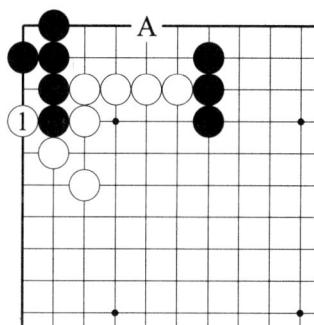

习题136

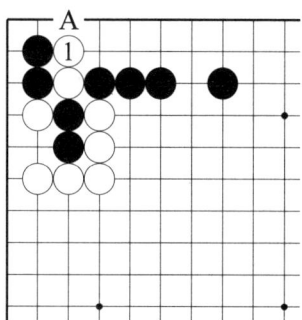

习题137

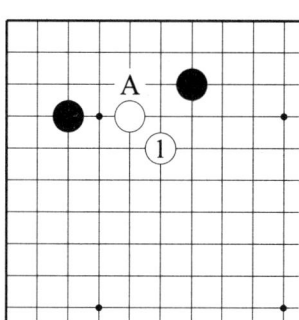

习题138

以下各图均为黑先，黑下 A 位能成功分断吗?

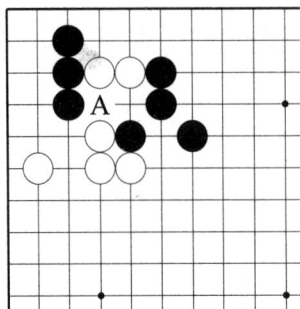

习题 139

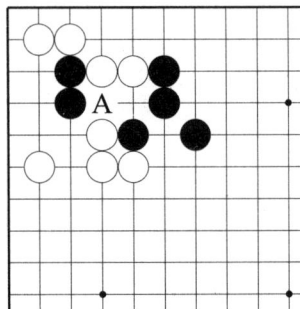

习题 140

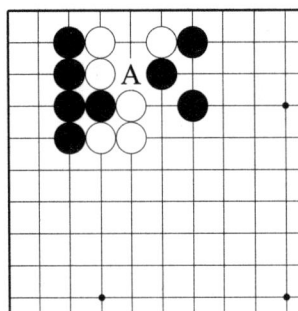

习题 141

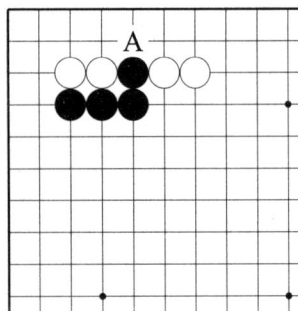

习题 142

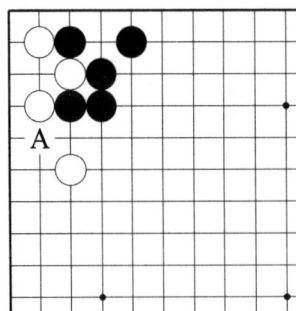

习题 143

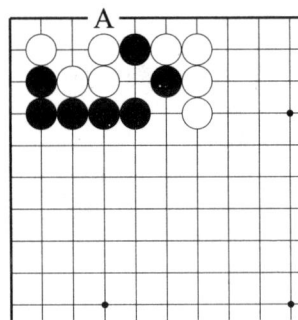

习题 144

以下各图均为黑先，黑下A位能成功分断吗？

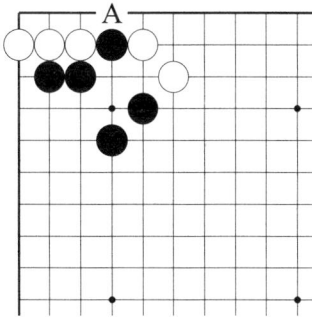

习题145

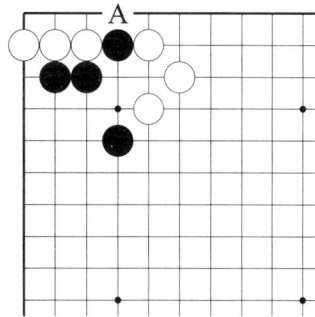

习题146

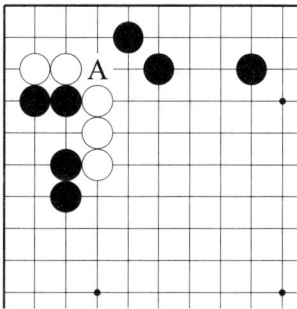

习题147

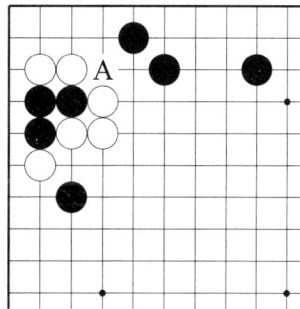

习题148

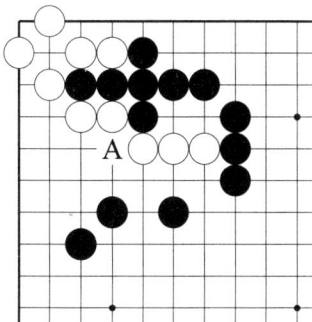

习题149

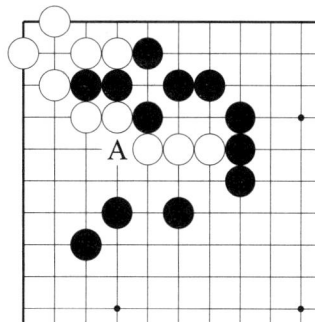

习题150

以下各图均为黑先，请在A和B中选择正确下法。

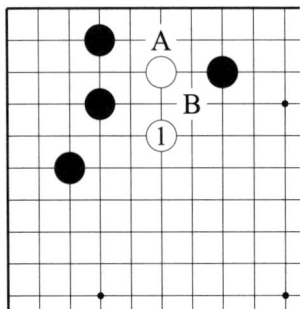

习题151

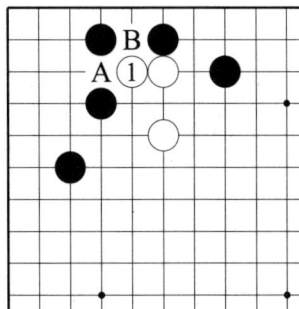

习题152

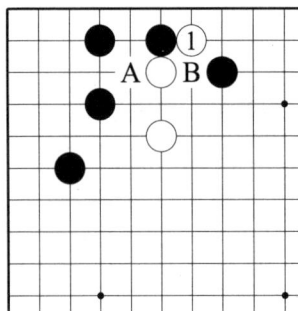

习题153

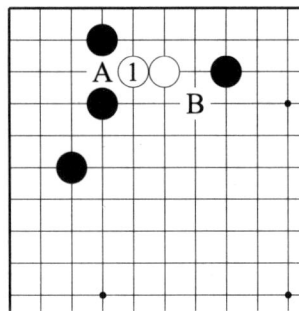

习题154

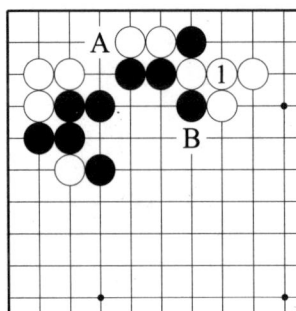

习题155

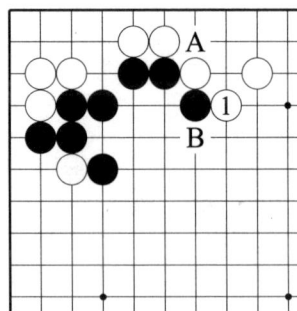

习题156

以下各图均为黑先，请在 A 和 B 中选择正确下法。

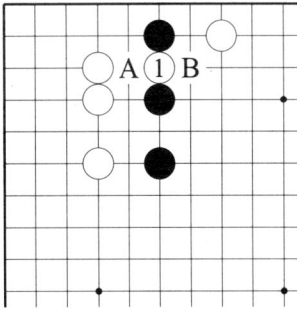

习题 157

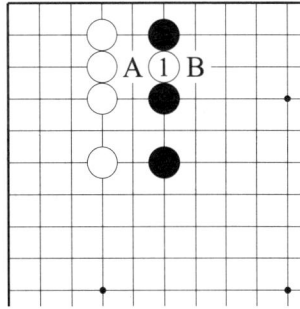

习题 158

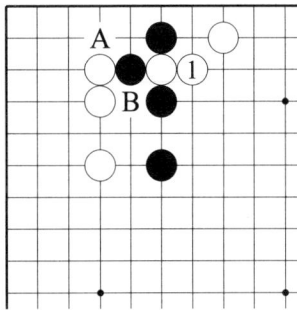

习题 159

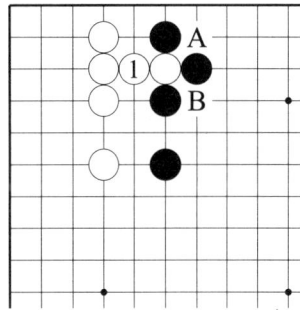

习题 160

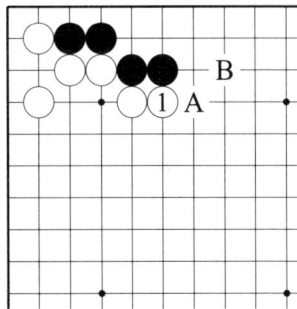

习题 161

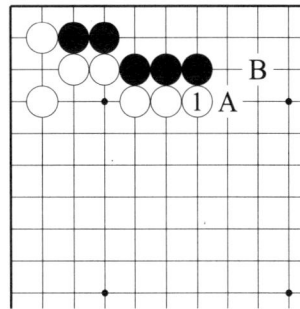

习题 162

以下各图均为黑先，请在A和B中选择正确下法。

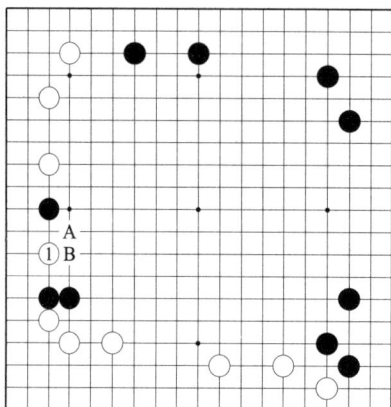

习题163

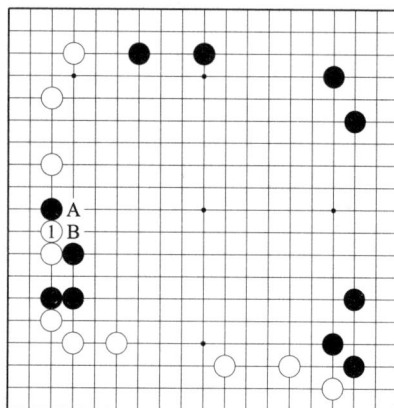

习题164

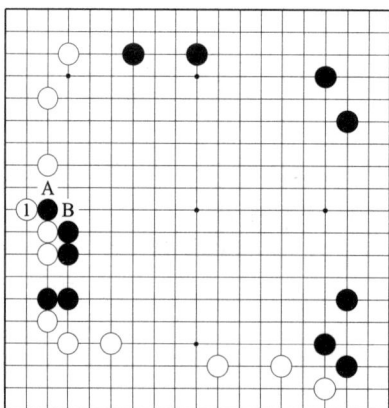

习题165

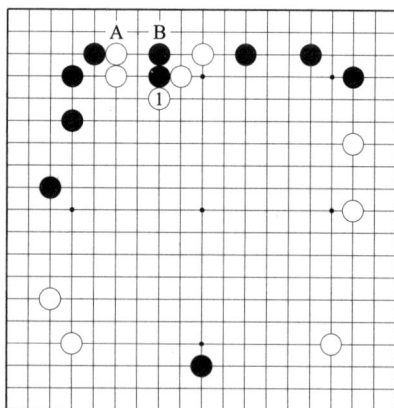

习题166

以下各图均为黑先，请在A和B中选择正确下法。

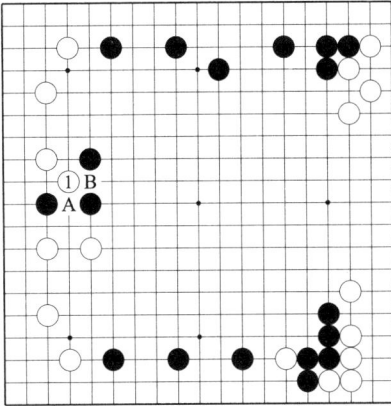

习题167

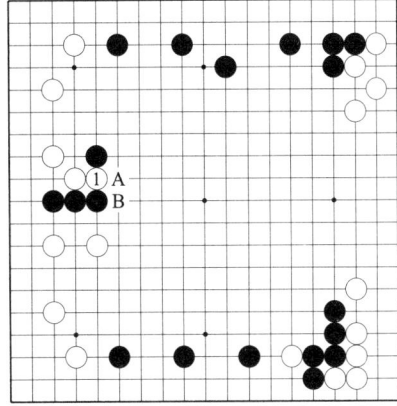

习题168

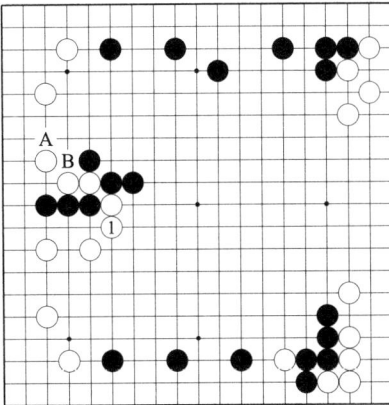

习题169

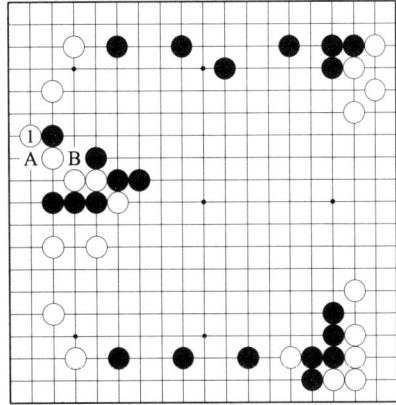

习题170

白刚刚下了⚪子，黑能成功分断或成功联络吗?

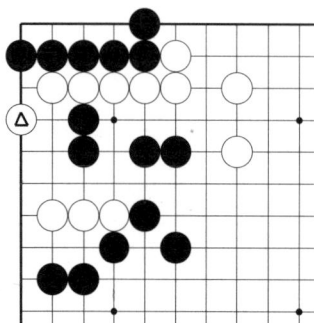

习题171

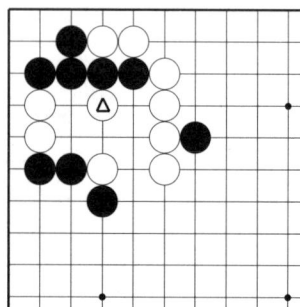

习题172

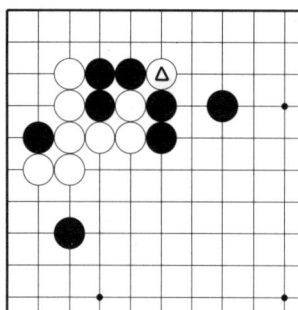

习题173

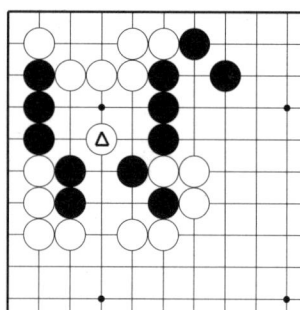

习题174

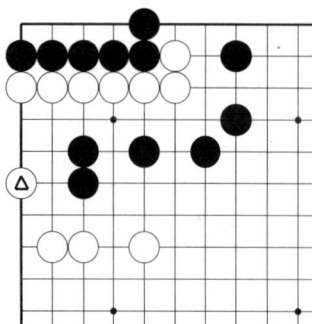

习题175

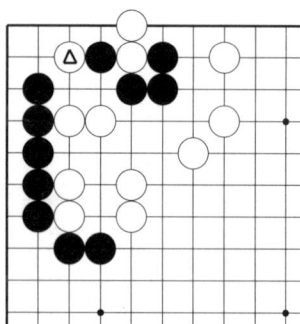

习题176

练习题解答

习题1　~ 习题 6 解答：A，A，B，B，B，A

习题7　~ 习题12解答：B，A，A，A，A，A

习题13 ~ 习题18解答：B，B，A，B，A，A

习题19 ~ 习题24解答：B，B，B，B，A，B

习题25 ~ 习题30解答：A，B，A，B，B，A

习题31 ~ 习题36解答：A，B，A，A，B，B

习题37 ~ 习题42解答：B，B，B，B，B，B

习题43 ~ 习题48解答：A，B，B，A，A，A

习题49 ~ 习题54解答：B，B，A，A，A，A

习题55 ~ 习题60解答：B，B，A，B，B，A

习题61 ~ 习题66解答：A，B，B，A，A，A

习题67 ~ 习题72解答：需，不需，需，不需，需，不需

习题73 ~ 习题78解答：需，不需，需，需，不需，需

习题79 ~ 习题84解答：不需，需，不需，不需，不需，需

习题85 ~ 习题90解答：不需，需，不需，需，需，不需

习题91 ~ 习题96解答：需，不需，需，需，需，不需

习题97 ~习题102解答：坏，坏，好，坏，好，坏

习题103~习题108解答：好，好，坏，坏，好，坏

习题109~习题114解答：坏，好，好，坏，好，好

习题115~习题120解答：好，坏，坏，好，坏，好

习题121~习题126解答：好，好，坏，好，好，坏

习题127~习题132解答：能，不能，能，不能，能，不能

习题133~习题138解答：能，不能，能，不能，能，不能

习题139~习题144解答：能，不能，能，能，能，能

习题145~习题150解答：能，不能，能，不能，能，不能

习题151~习题156解答：A，B，B，A，A，A

习题157~习题162解答：A，B，B，B，B，A

习题163~习题166解答：B，B，B，B

习题167~习题170解答：A，A，A，A

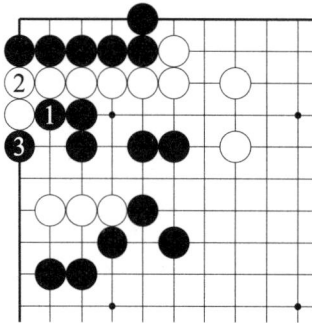

习题 171 解答

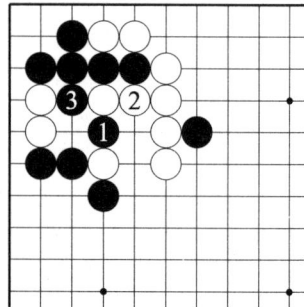

习题 172 解答（正解）

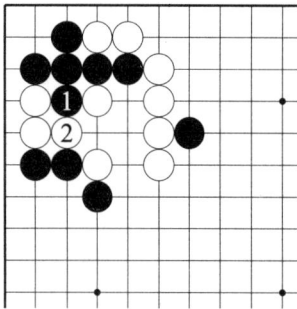

习题 172 解答（失败 1）

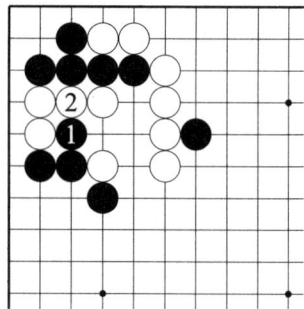

习题 172 解答（失败 2）

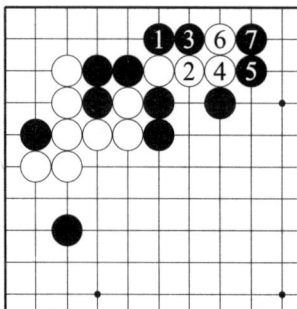

习题 173 解答（正解）

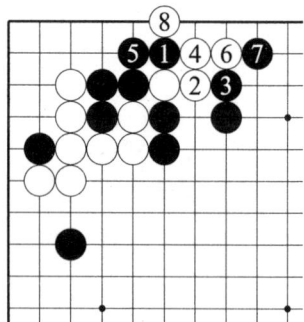

习题 173 解答（失败）

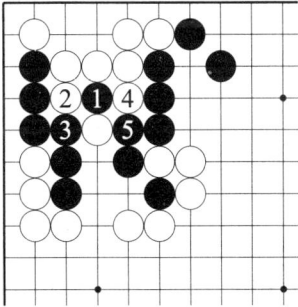

习题 174 解答（正解）

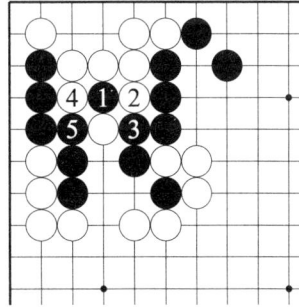

习题 174 解答（参考）

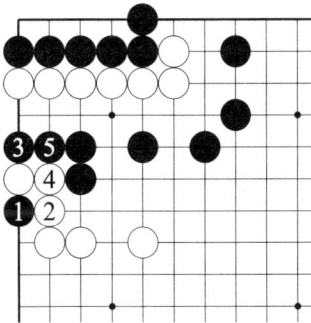

习题 175 解答（正解）

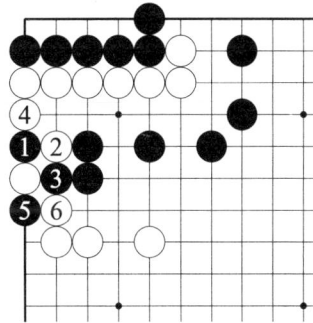

习题 175 解答（失败 1）

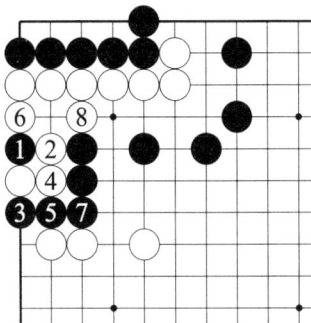

习题 175 解答（失败 2）

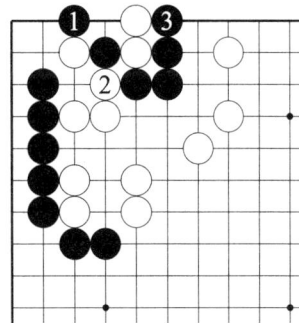

习题 176 解答

第3章 死活训练

一块棋的死活，无非是有这样几种情况，即净活、净死、劫活，或者是双活。大体上说，双活可被认为是净活。

净活和净杀，就是干干净净地把自己的棋做活和杀掉对方的棋，不附带其他条件。净活和净杀，主要是相对劫活和劫杀而言的。

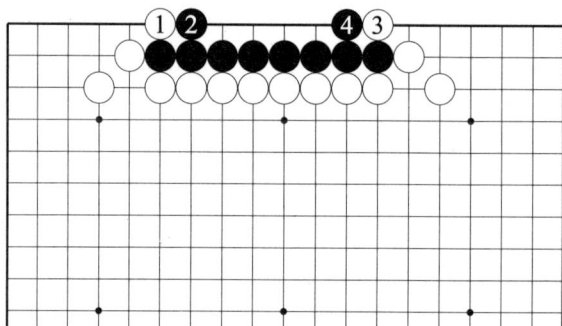

图 1

图1 黑在二路上有八个子，已经净活了。白1、3两扳时，黑2、4只需老实地挡上，黑里面是直四。

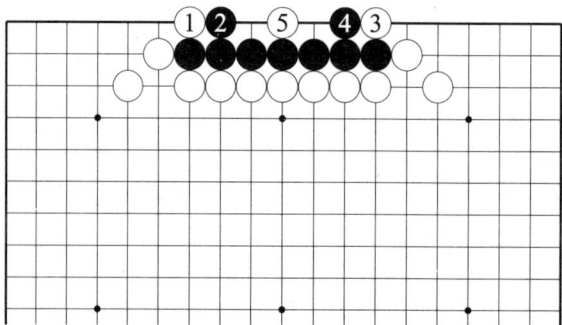

图 2

图2 现在黑二路上的棋子只有七个，白1、3扳黑2、4挡后，里面只有直三，白5点眼，黑净死。二路上的棋子七个还不够活，要八个才够，这就叫"七死八活"。

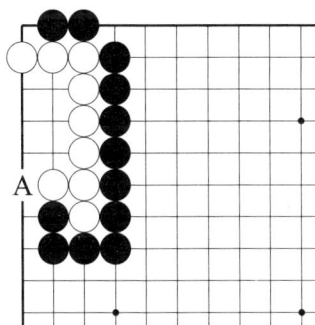

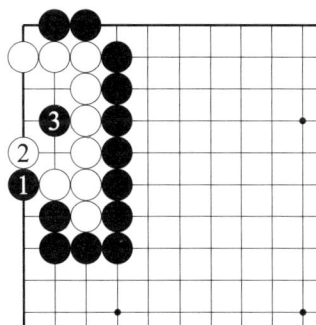

图　3　　　　　　　　　　　　图　4

图3　黑先，能把白棋杀掉吗？你应该这样来考虑：若A位有白子，白棋是板六，你自然无法杀白；现A位开着口，白不够板六，白不够活棋的条件，所以你能杀白。

图4　接下来你再考虑怎样杀白。黑1扳，白2挡，这一来里面的形状成了刀五，黑3一点白就死了。先从外面进行压缩，使里面的空间缩小，不够做活的地方，这是杀棋的常用手段。

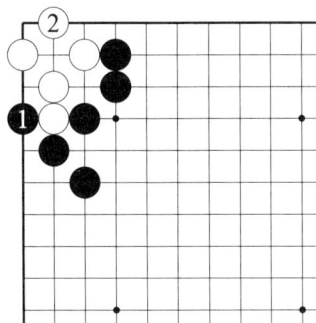

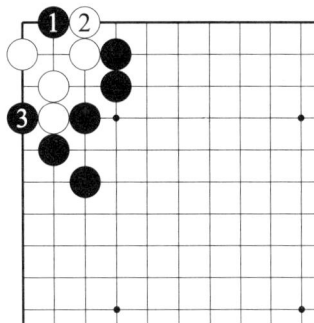

图　5　　　　　　　　　　　　图　6

图5　但又不能死搬教条，该先从外面压缩的要先压缩，该先点眼的就要直接点进去。此处黑1先压缩就错了，白2可踏踏实实活棋。

图6　黑1直接点眼才对，白2防黑1一子拉回去，这时黑3扳去眼，白棋活不了。

要杀掉一块棋，有时候必须先从外面压缩，有时候又必须先从里面点眼，这要根据具体的棋形来定。但也有的时候，先从外面压缩或先从里面点眼都成立，你选择哪种方法都无所谓。

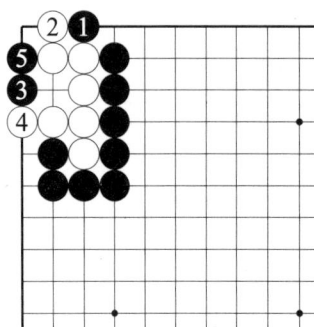

图　7

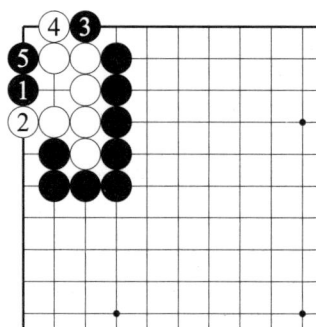

图　8

图7　黑1先从外面压缩，至黑5，白死。

图8　黑1先点进去，至黑5，白也死了。

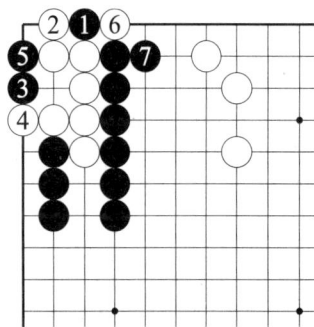

图　9

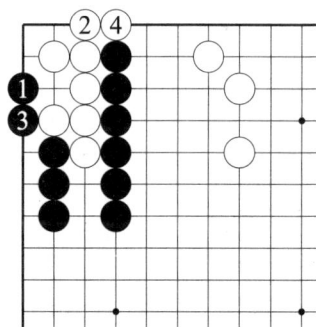

图　10

图9　若把外围的棋子变动一下，情况就不一样了。这时，黑就只能先从外面压缩，然后再点眼。至黑7退，白角无法与外面的白子联络。

图10　此时黑1直接点进去就不行了，因为里外白子可连成一片，角上有没有两只眼已无关紧要。黑3若改在4位挡，则白4就在3位挡下，角上白棋是净活，读者不妨自己验证一下。

活棋和杀棋二者的关系，如你中有我，我中有你，无法分割。

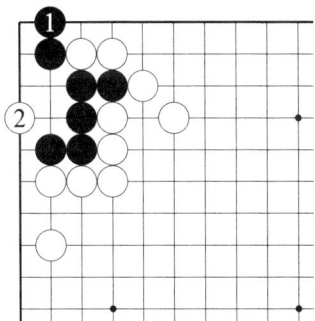

图 11

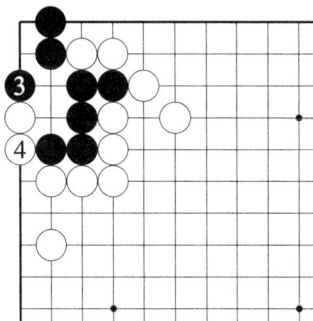

图 12

图11 现在黑角该怎样做活？也许你想到了黑1立，你这样想也不是没有道理，因为若被白在1位一扳，黑棋就没有生存的空间了。但黑1立后，不知你想没想过白2的透点？白2这着棋很厉害，倾刻间使黑棋完蛋。白2这一手叫"老鼠偷油"，也有人叫它"耗子偷油"。你要是没学过这一手，做活时很容易把它疏忽。

图12 接上图，黑3当然不行，白4拉回，黑棋只有一只眼。

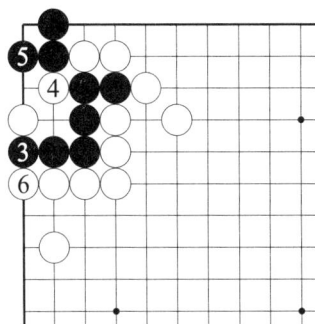

图 13

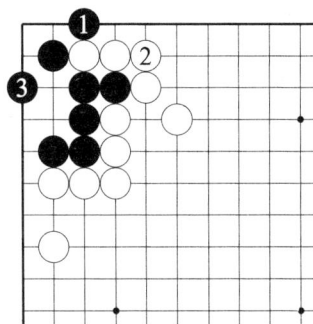

图 14

图13 黑3若挡下，则白4断，至白6，黑被吃。

图14 此时黑棋正确的做活方法是黑1扳，待白2接后再黑3虎，方能确保无事。

你要是想做活一块棋，当然净活最好，但若无法净活，就只好寻求劫活，劫活总比净死强。你要是想杀一块棋，当然净杀最好，但若无法净杀，就只好寻求劫杀，劫杀总比让人净活强。在一般情况下，打劫活可理解为这块棋活了一半，打劫杀可理解为把这块棋杀了一半。

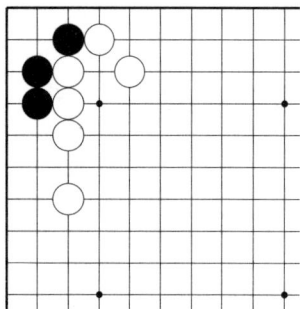

图 15

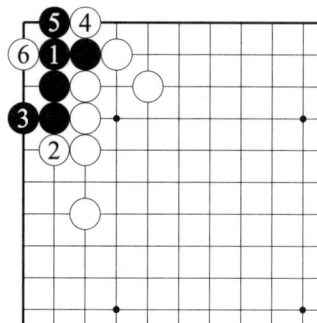

图 16

图15 黑先，能在角上做活吗？

图16 黑1粘，无非是求净活，但至白6，黑死，黑棋无法净活。

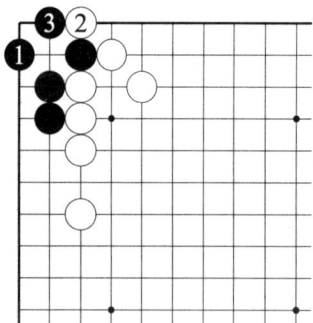

图 17

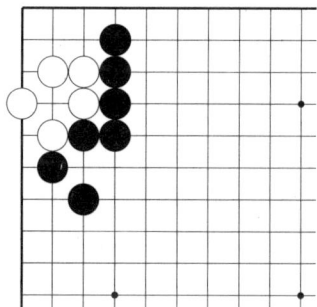

图 18

图17 在无法净活的情况下，只有退一步寻求劫活。黑1是唯一正确的选择，白2打时，黑3做劫，用打劫的方法来争取活棋。这个劫黑要是打赢了，黑活；黑要是打输了，黑死。

图18 这个棋形在实战中不时能见到。黑先，能把白棋杀掉吗？

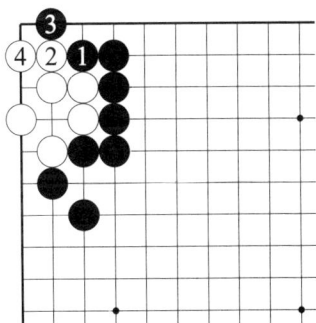

图 19

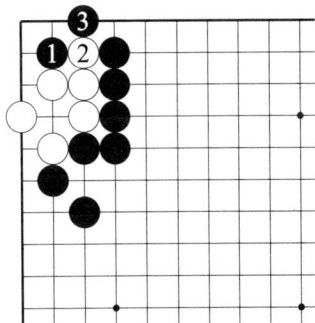

图 20

图19 黑1若只是笨拙地拐一下，则至白4，白净活。

图20 本图黑1才是正确的选择。白2冲时，黑3从一路渡过，眼下乍一看，好像白棋已经死了。不过，别忙着下结论。如果你执白棋，你觉得此时还有好办法吗？

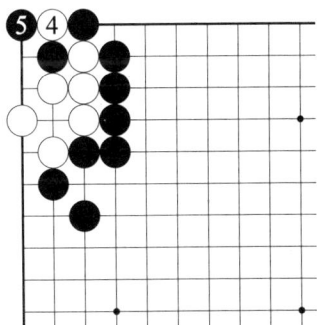

图 21

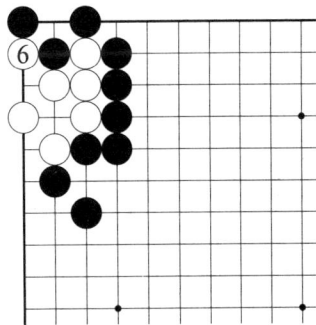

图 22

图21 接上图，你想到白4扑的手段了吗？你一定要记住，此棋形下白4扑是常用的也是唯一的手段。黑5只好提。

图22 接上图，白6再抛劫，依靠打劫来吃黑接不归，也就是依靠打劫来顽强求活。

其实，图20下黑1时，黑就应当看到白存在着扑后抛劫的手段。但既然黑无法净杀白，也只有退一步走劫杀的路。

双活，也是一块棋死活形式中的一种。

图　23

图　24

图23　假如你执黑，又该你走棋，这块黑棋要不要补一手呢?

图24　要不要补棋，只能以对方在这里有没有手段为依据。显然，白1至白5是白棋的唯一手段，白只能后手双活，黑不足为虑。

如果一块棋是劫活，通常需要补一手；如果是双活，则一般可认为就是净活了，不必急着去补棋。

图　25

图　26

图25　但现在情况不一样了，黑棋需要补一手。假若黑棋不补，白仍按上图那样下，就成了最严厉的手段。

图26　白1至白5之后，不知你发现没有，本图在A、B有两个断头，只要白能占到一个，黑就双活不了。

由于盘角的特殊性，一些普遍的死活规律在角上有时就不适用。

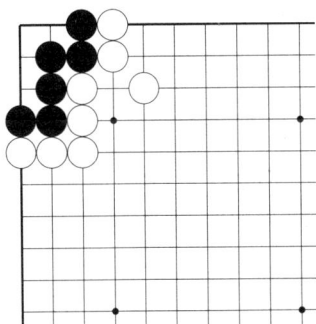

图 27

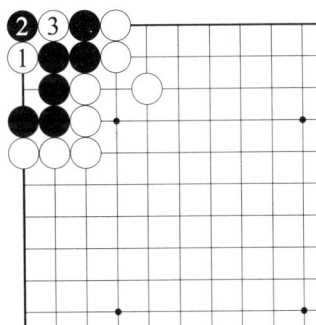

图 28

图27　本图这个曲四的位置在棋盘角上，称角上曲四。

图28　白1点进来，黑2按常规占另一要点，但黑2正处于盘角，白3正可以提。于是，这块黑棋要靠打劫来活棋。

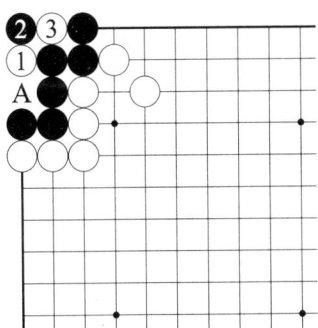

图 29

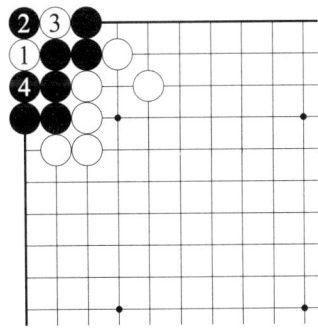

图 30

图29　现在拿走一个白子，使黑外围松一口气。白3提劫时，A位黑仍不入气，死活仍靠打劫。此劫若白胜，可2位粘，黑净死。

图30　现在再拿走一个白子，使黑外围松两口气。这回白3提后，黑4可以打吃，白不能2位接，黑这种活棋法叫"胀死牛"。

结论是：角上曲四有可能是劫活，也可能是净活，要看其外气的多少。当没有外气或只有一口外气时，是劫活；当有两口或两口以上外气时，是净活。

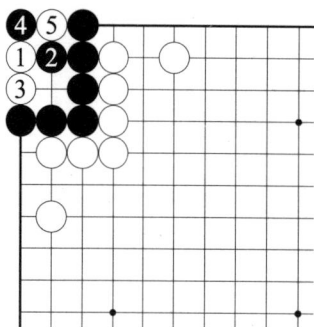

图　31

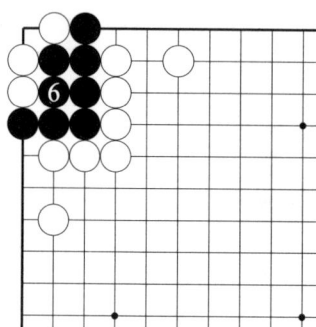

图　32

图31　板六都是活棋，但角上板六有特殊性。先从有两口外气的角上板六开始。白3后，黑4抛劫是关键，白5提。

图32　其实黑并非真要打劫，接着黑6打吃，成"胀死牛"，黑净活。

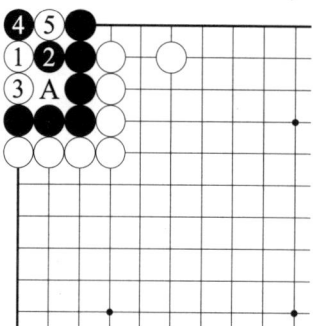

图　33

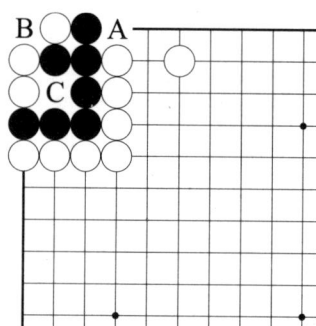

图　34

图33　再看黑只有一口外气的情况。白1至白5的走法相同，但这回黑A位不入气了，死活只有靠打劫。

图34　白提劫之后，试想黑即使不应而他投，白有好办法吗？此时白A则黑B提劫，白B则黑仍可他投且以后黑C提成角上曲四，白想杀黑仍需打劫。也就是说，这个劫活有两次机会，只有两次劫都打输了，棋才会死。这个劫是个二手劫。

图35　这回黑一口外气都没有了。白1还按老样子那样点就不对了，这里同样成了劫活，只不过这时的劫是个一手劫。

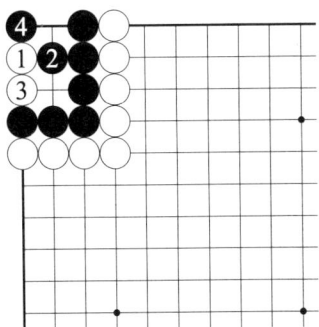
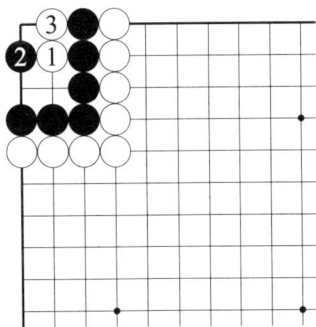

图　35　　　　　　　　　　　图　36

图36　但白根本不需要打劫，白按本图这样下，黑净死。

结论是：角上板六有可能是净活，有可能是劫活，还有可能是净死，关键要看其外气的多少。当有两口或两口以上外气时，是净活；当有一口外气时，是劫活；当一口外气也没有时，是净死。

角上板八虽也有特殊性，但不会有死棋危险。当角上板八一口外气也没有时，就需要在角内补一手，否则角空会被一扫而光。

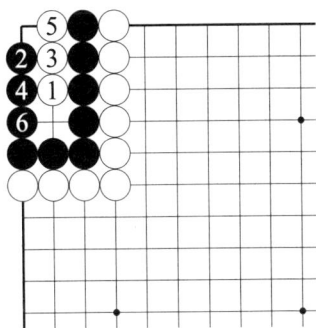
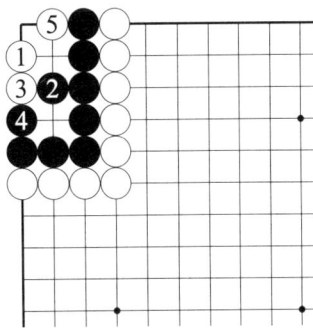

图　37　　　　　　　　　　　图　38

图37　这时的角上板八就一口外气也没有了。白1总是点在这个地方，黑2至黑6是正解，角上成双活，而且白棋还是先手。

图38　白1这样点不好，虽然结果也是双活，但白棋是后手。

一个是先手双活，一个是后手双活，差别很大。

我们来看看容易被初学者疏忽的盘角曲四。

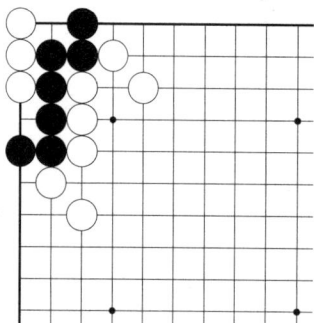

图 39

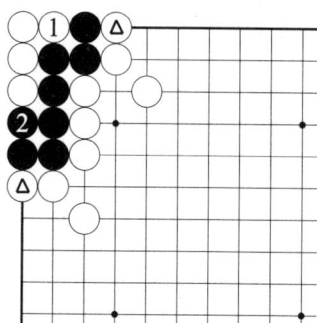

图 40

图39 按照普遍规律，这个棋形只要不在盘角上就是双活，惟有此处例外。这种特殊的形叫盘角曲四，盘角曲四是死棋。

图40 有人或许还想不明白，盘角上的这个曲四不是早晚要打劫吗？那好，让我们用实际情况来说明这一点。我们可以先用白△二子把黑外气紧上，当然白什么时候愿意紧都随便。现在白1来打吃，黑2提白四子。

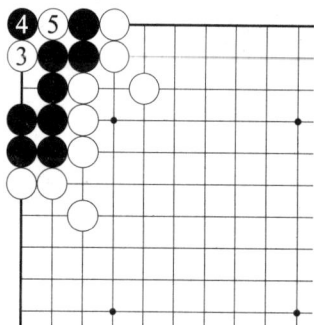

图 41

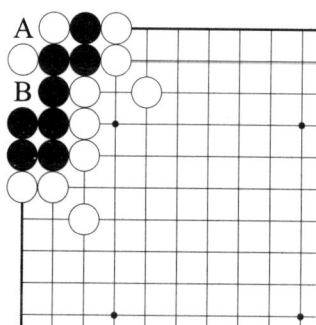

图 42

图41 接上图，白3点进去，黑4看似抛劫，白5提。

图42 这是白棋刚刚提劫后的图形。按照棋规，黑不能紧接着在A位反提，必须停一着，而现在的情况是，接下来不管黑棋走什么，白棋都会下B位把角上黑子提光。这是什么原因呢？

仍回到图40中去。白△二子什么时候下，白1什么时候下，都是白方的权利。反正黑既不敢走1位，也不敢走2位，只能被动地干等着。既然如此，白方当然不用着急，等盘上所有的地方都占完了，再来收拾角上的黑棋不晚。

我们可以这样来理解：白方在动手之前，完全能够把盘上自身所有的毛病全补掉，该连上的都连上，不给对方任何打吃和可利用的机会。这时的白方有太多的闲工夫，白一个一个地补毛病的时候，黑却一着有用的棋也下不出来，原因已经说过了，这时盘上所有的地方不是都占完了吗？

白一切准备就绪之后，再来对角上的黑棋动手，难怪图42中白刚提黑一子后，黑一着有用的棋也没地方找，只能坐视下一着白在B位提了。

实际上，上面讲的吃黑过程，在对局中不会出现。对局双方都明白盘角曲四是死棋的道理，局终将盘角曲四这块棋子统统从棋盘上拿掉就是了。

有一句话，叫"盘角曲四，劫尽棋亡"，说的就是这回事。杀盘角曲四，看似最终要打一个劫，但由于其劫材早早晚晚会补尽，故而棋必然死亡。

实战中，对盘角曲四有时不易察觉，还误以为是双活，那就会吃亏上当。

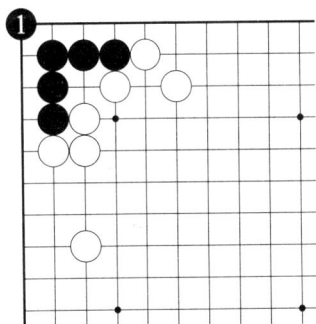

图　43

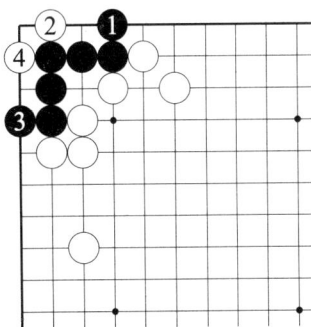

图　44

图43　这块棋要做活，黑1是唯一正解，左右各一只眼，稳稳当当。

图44　要是下黑1立就错了，以下至白4，角上很容易误看为双活，实际上是盘角曲四，黑净死。

我们再来看看"大猪嘴"和"小猪嘴"这两个常见的角上死活图形。

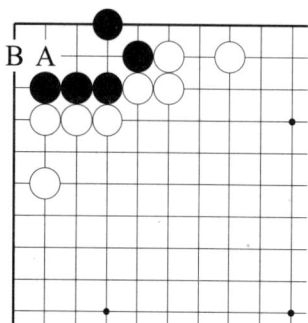

图　45

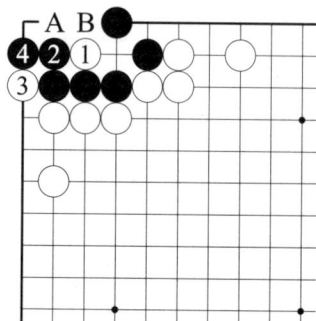

图　46

图45　黑棋角上的这个图形俗称"大猪嘴"。对这个棋形，白有何手段？首先可以告诉你，别指望A位夹，因白A后黑B位一扳，黑棋就活了。

图46　白1点入如何？黑4后，A、B两点黑必得其一，黑净活。

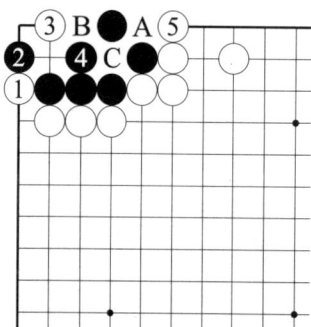

图　47

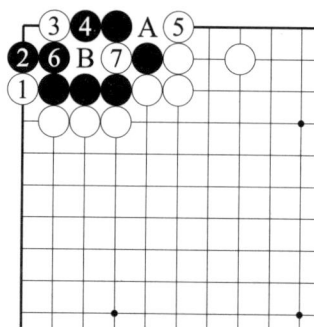

图　48

图47　白1扳、3点才击中要害。白3点后，黑棋非常为难。黑4若想先做出一只眼，白5立，以后A、B两点白必得其一，C位这个眼便无法存在，黑就只有一只眼。

图48　本图黑4改变应法，白5仍立。黑6后白7扑很妙，由于有白3这个子存在，黑不能A位团而只能B位提，于是白得以占A位去眼。

　　原来，"大猪嘴"是个死形。

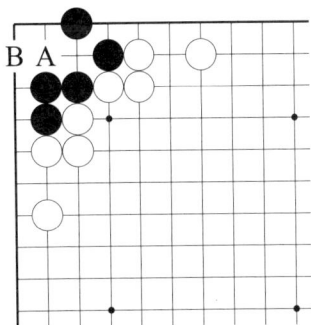

图 49

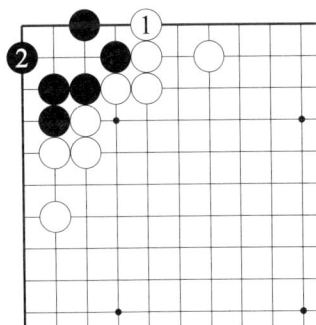

图 50

图49 现在黑棋角上的图形俗称"小猪嘴"。对这个棋形，白又有何手段？同样可以告诉你，别指望在A位点，因为白A则黑B，黑活。

图50 白1立行不行？只要黑2占据紧要处，黑总能做出两只眼。

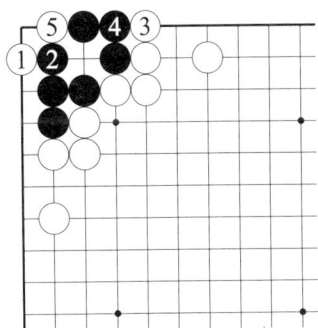

图 51

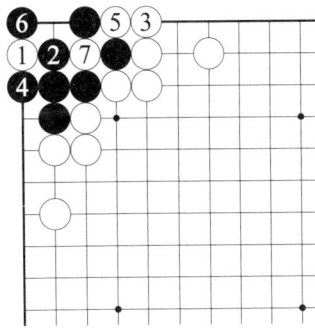

图 52

图51 白1先在要紧处点，黑一下子就有点麻木。黑2只有先做一只眼，白3立下，黑4不得不团，于是白5得以扑进去，这块棋变成了劫活。

图52 白3下立时，若黑4打吃白一子，或者黑4改下图中6位，则白5都是挤入打吃。之后黑6提白一子，白7也提黑一子，结果仍然是打劫，只是所打的劫换了个地方。

棋谚说："大猪嘴，扳点死；小猪嘴，是劫活。"短短一句话，就把这两个角上常见图形的死活状况全说明白了。

练习题

以下各图均为黑先，黑有无在A位下子的必要？

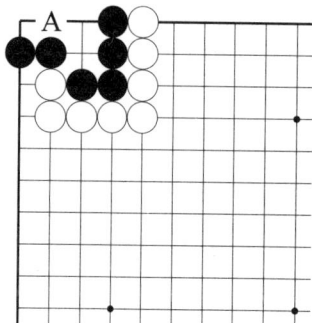

习题1

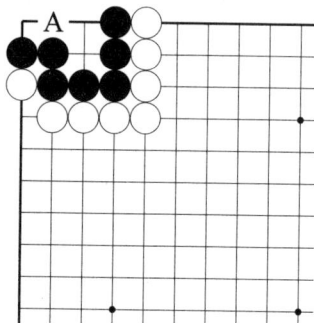

习题2

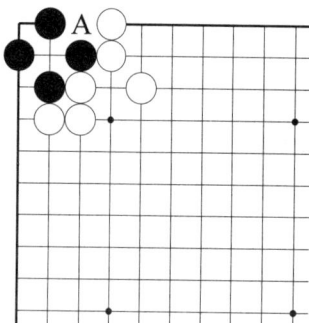

习题3

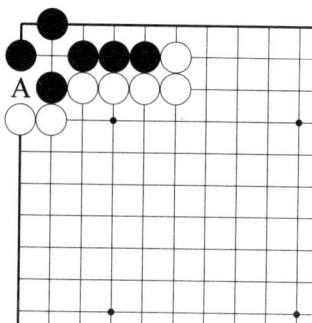

习题4

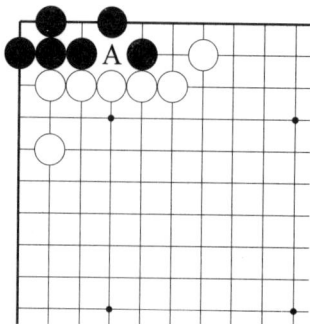

习题5

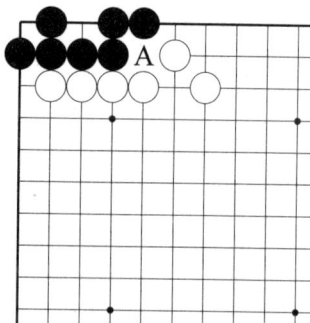

习题6

以下各图均为黑先，黑有无在A位下子的必要？

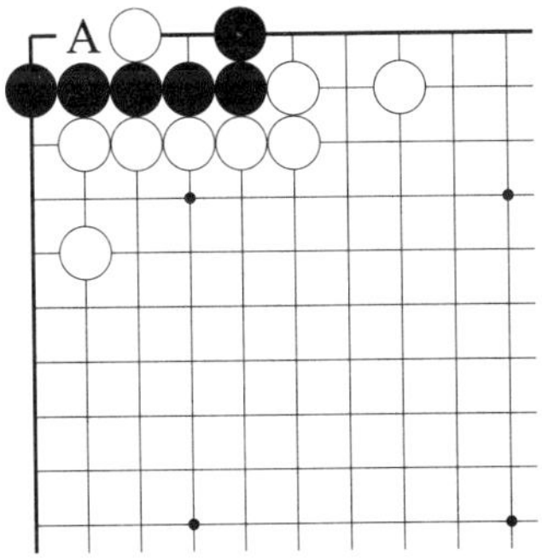

习题7

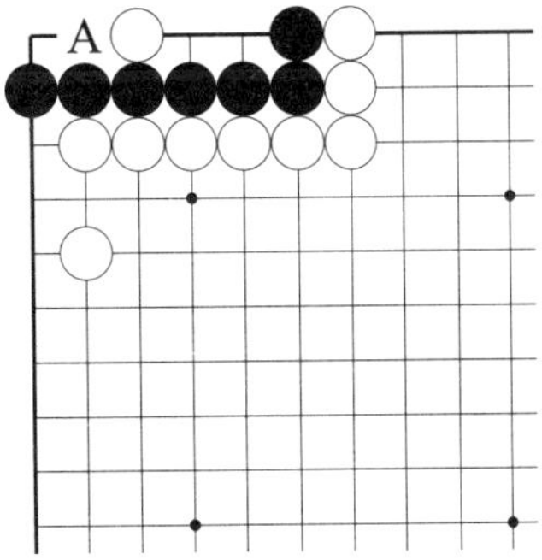

习题8

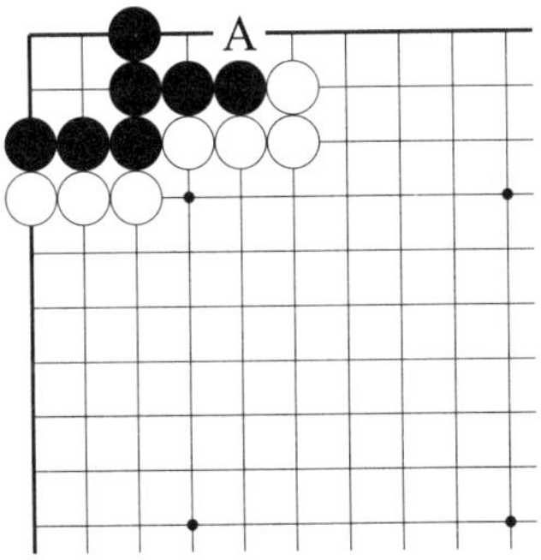

习题9

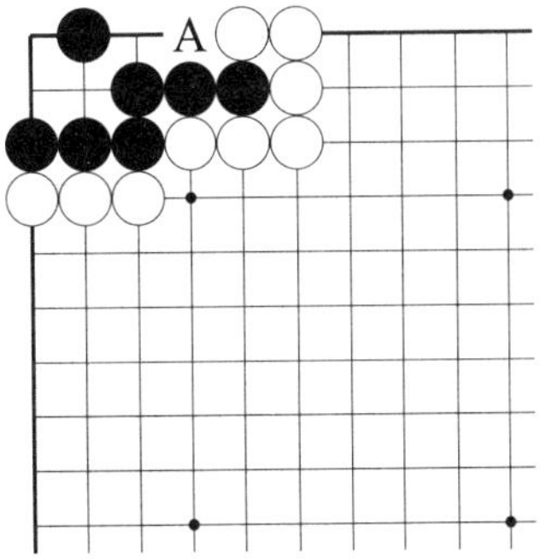

习题10

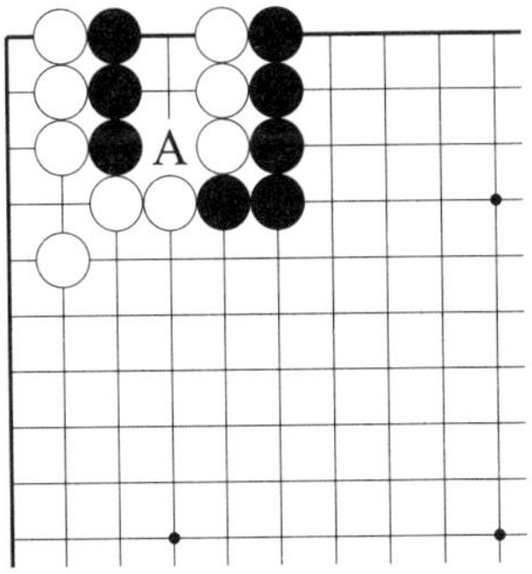

习题11

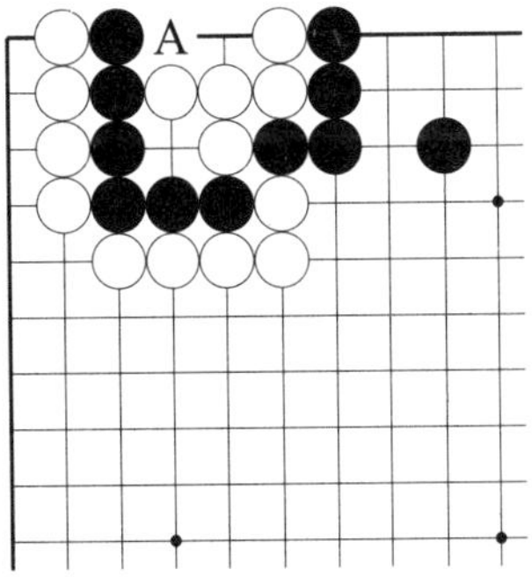

习题12

以下各图均为黑先，黑有无在A位下子的必要？

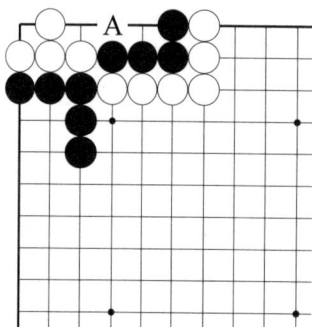

习题13

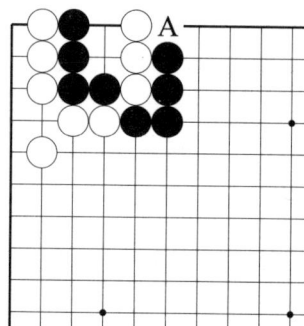

习题14

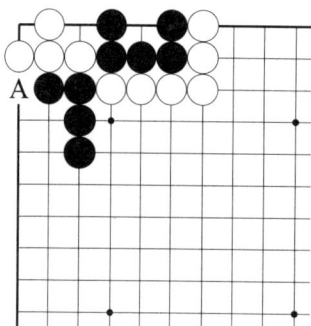

习题15

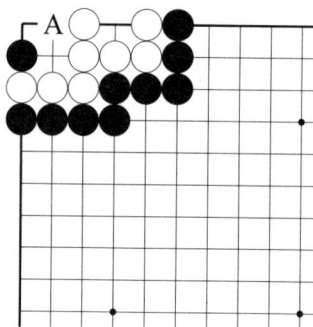

习题16

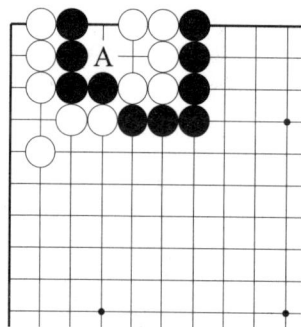

习题17

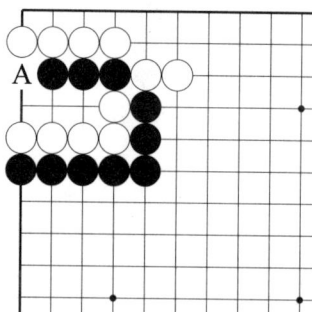

习题18

以下各图均为黑先，请在A和B中选择正确下法。

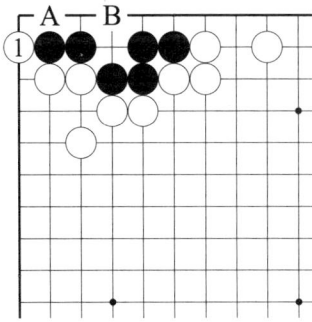

习题19

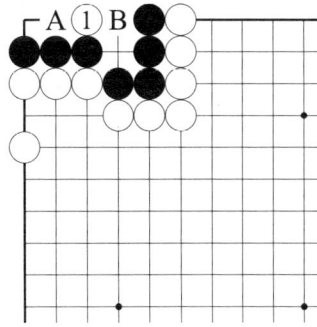

习题20

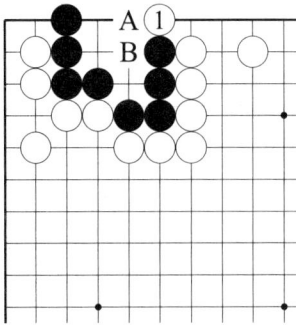

习题21

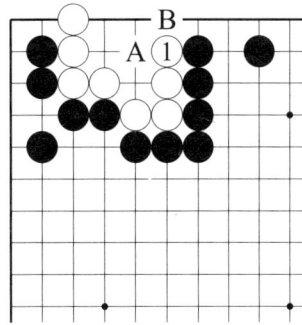

习题22

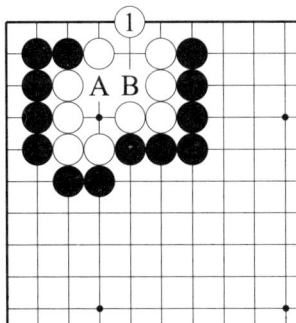

习题23

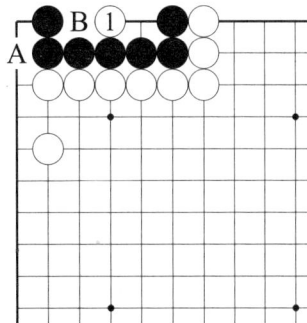

习题24

以下各图均为黑先，请在A和B中选择正确下法。

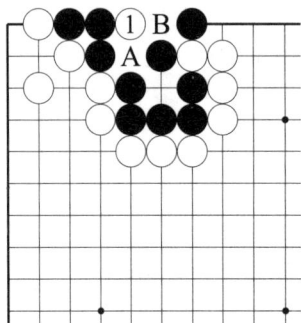

习题25

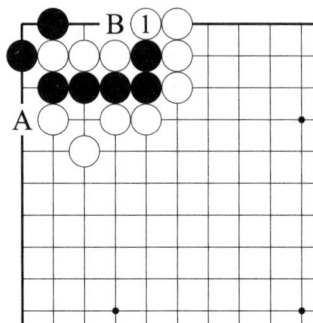

习题26

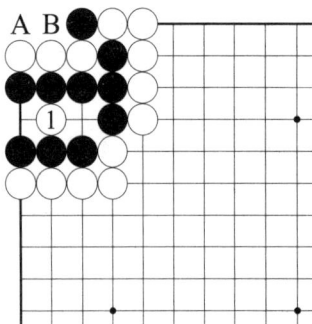

习题27

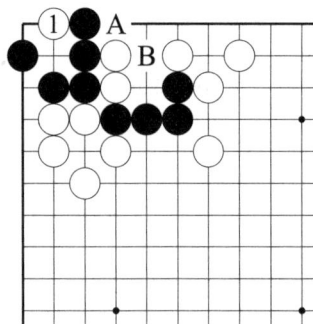

习题28

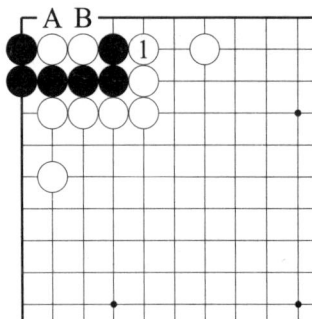

习题29

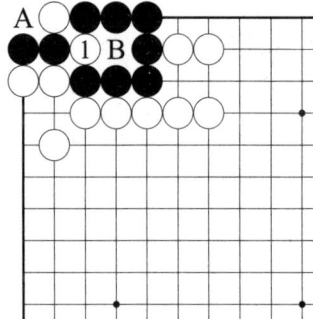

习题30

以下各图均为黑先，请在A和B中选择正确下法。

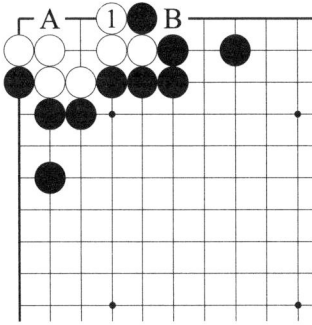

习题31

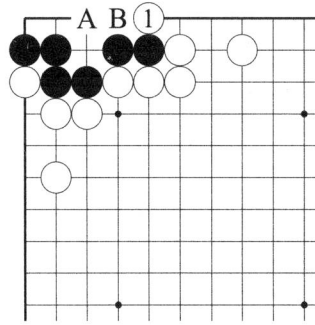

习题32

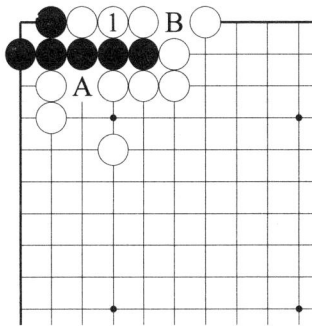

习题33

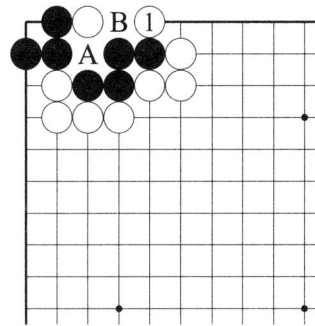

习题34

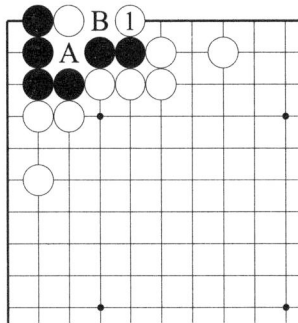

习题35

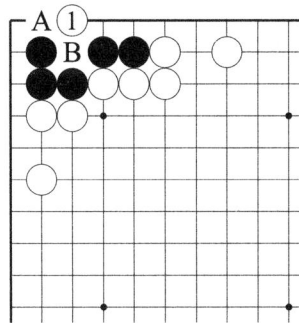

习题36

以下各图均为黑先，请在 A 和 B 中选择正确下法。

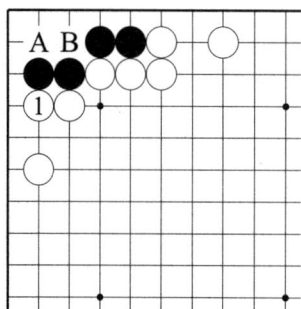

习题37

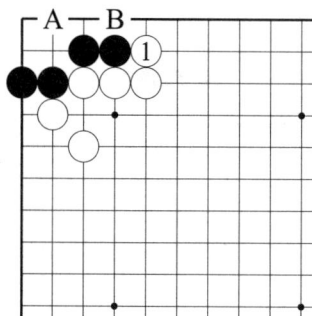

习题38

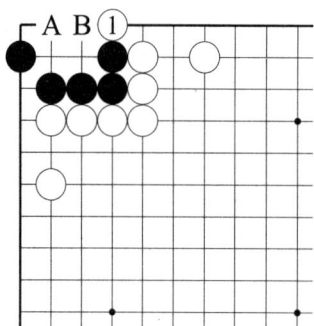

习题39

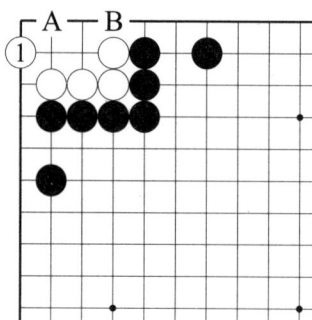

习题40

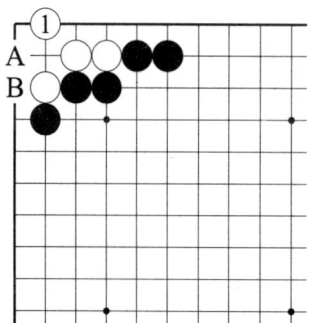

习题41

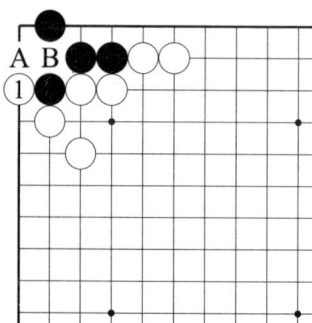

习题42

以下各图均为黑先，请在A和B中选择正确下法。

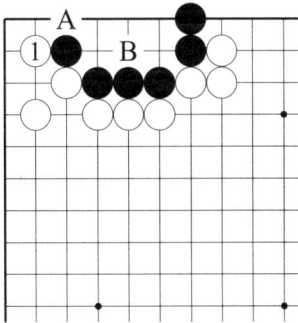

习题43

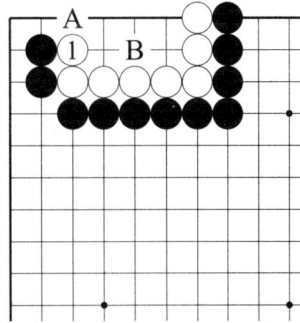

习题44

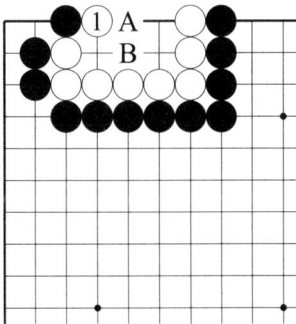

习题45

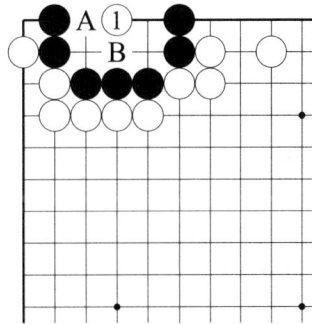

习题46

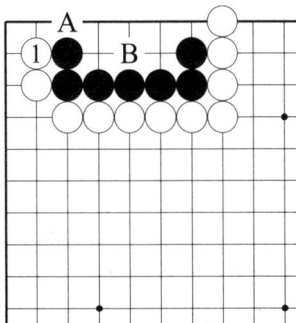

习题47

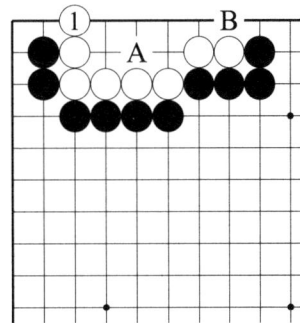

习题48

以下各图均为黑先，请在A和B中选择正确下法。

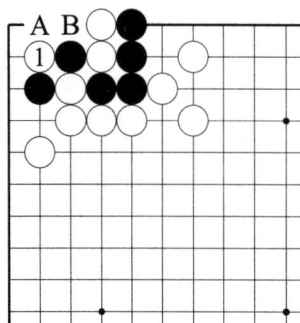

习题49

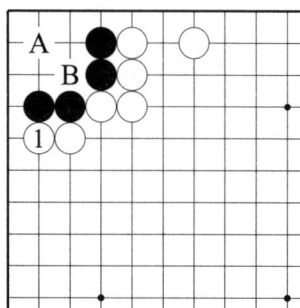

习题50

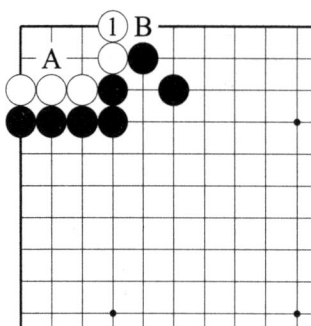

习题51

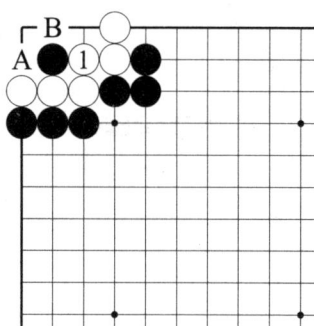

习题52

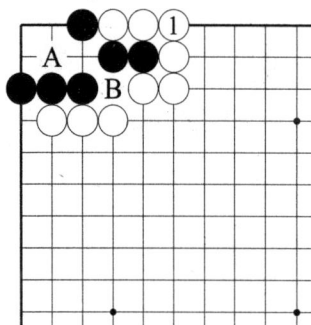

习题53

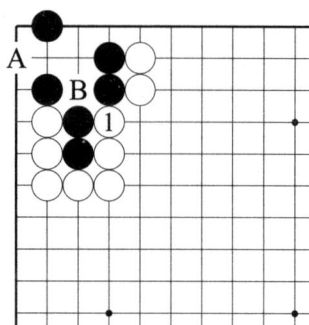

习题54

以下各图均为黑先，请在A和B中选择正确下法。

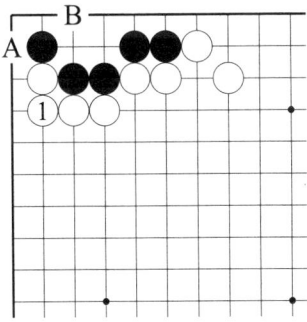

习题55

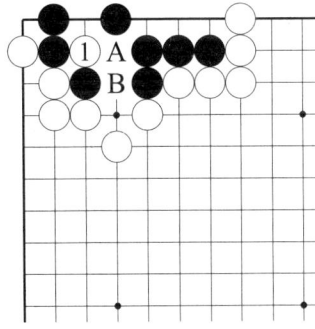

习题56

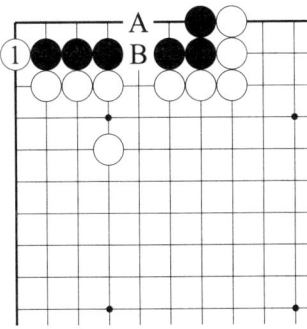

习题57

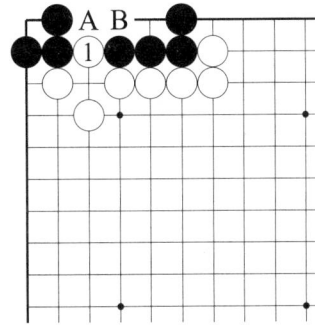

习题58

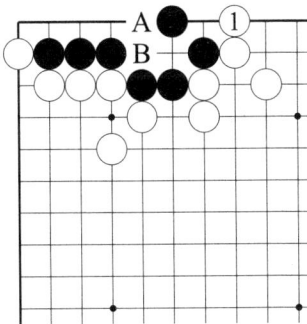

习题59

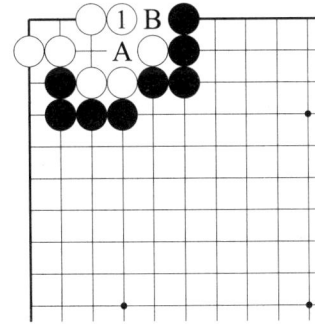

习题60

以下各图均为黑先，请在 A 和 B 中选择正确下法。

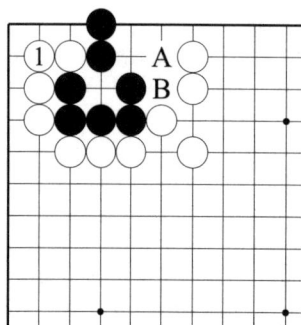

习题 61

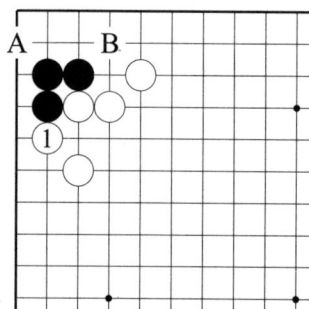

习题 62

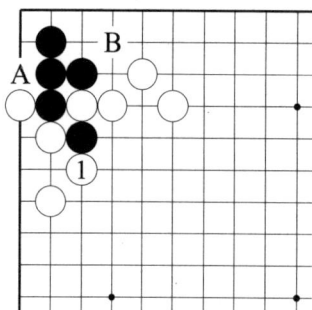

习题 63

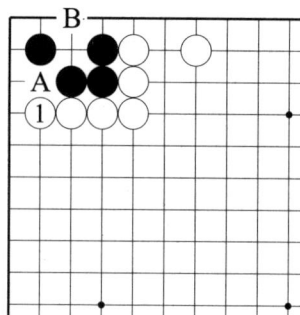

习题 64

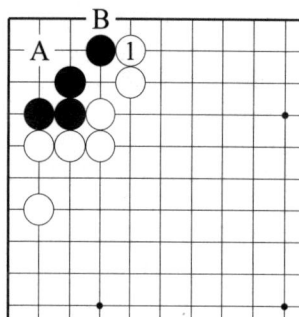

习题 65

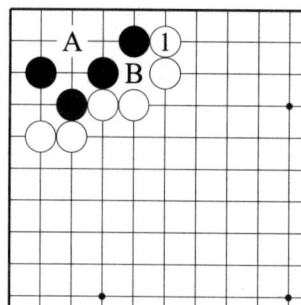

习题 66

以下各图均为黑先，请在A和B中选择正确下法。

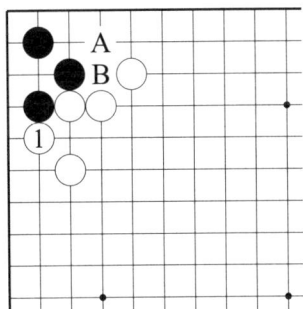

习题67

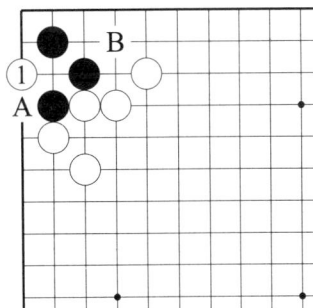

习题68

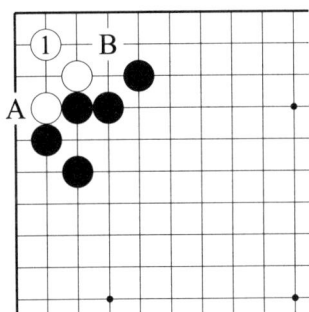

习题69

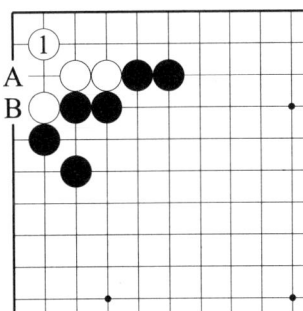

习题70

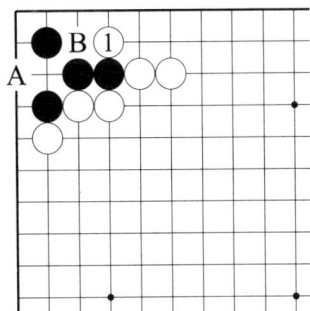

习题71

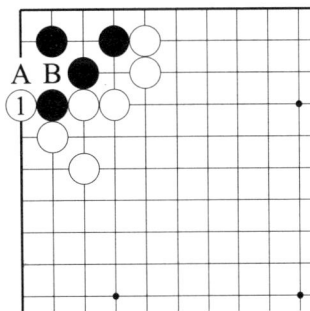

习题72

以下各图均为黑先，请在 A 和 B 中选择正确下法。

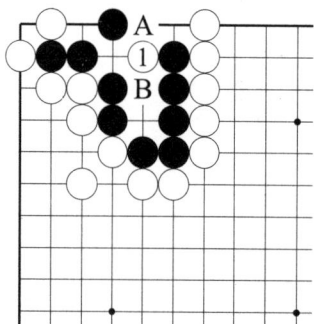

习题 73

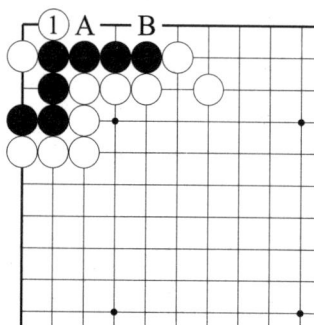

习题 74

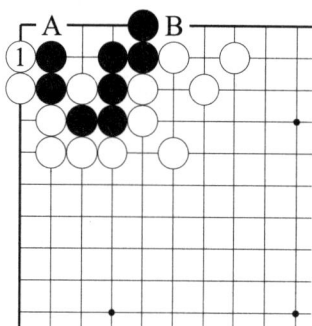

习题 75

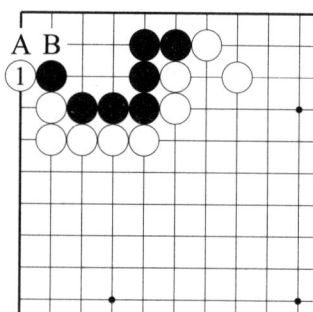

习题 76

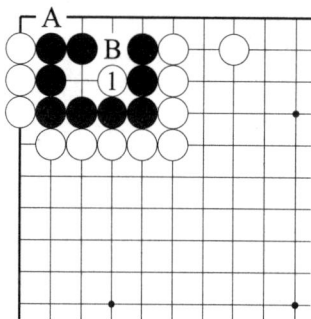

习题 77

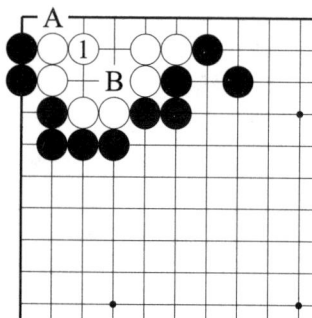

习题 78

以下各图均为黑先，请在 A 和 B 中选择正确下法。

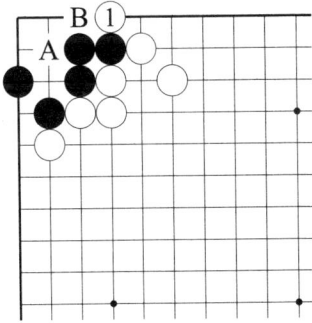

习题 79

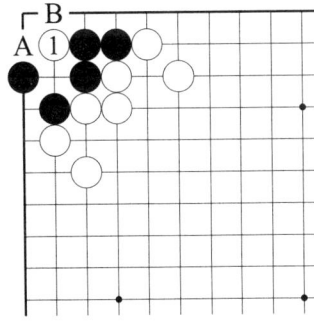

习题 80

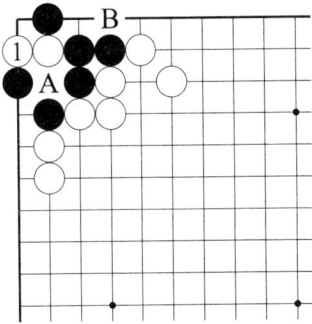

习题 81

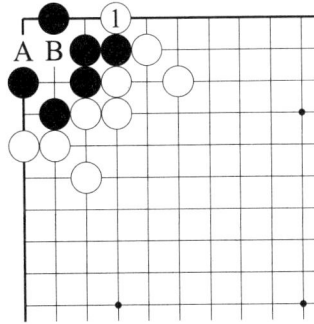

习题 82

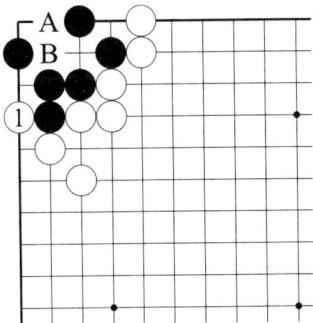

习题 83

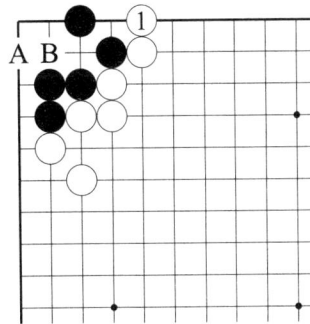

习题 84

以下各图均为黑先，请在A和B中选择正确下法。

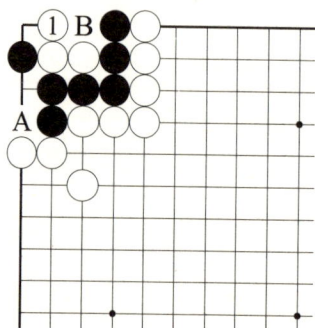

习题85

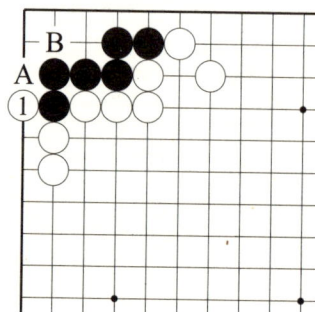

习题86

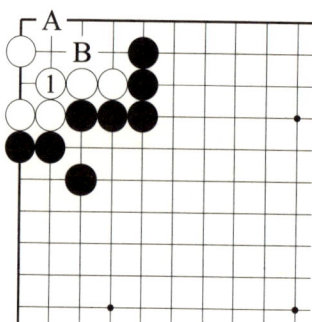

习题87

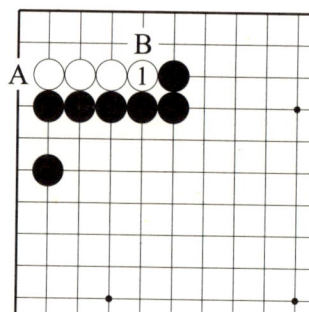

习题88

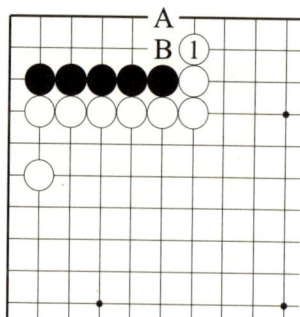

习题89

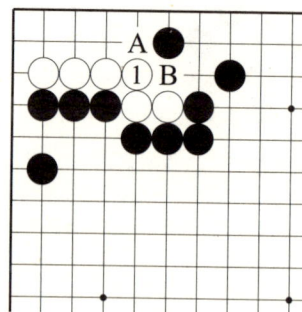

习题90

以下各图均为黑先，请在 A 和 B 中选择正确下法。

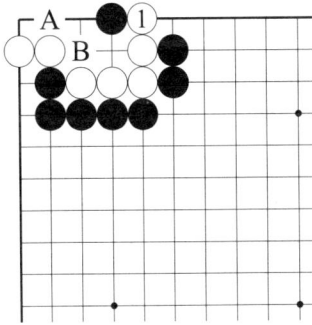

习题 91

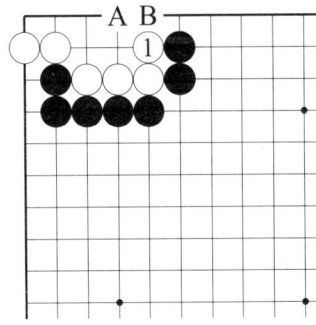

习题 92

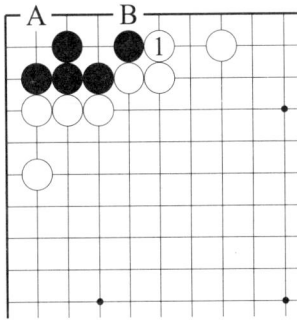

习题 93

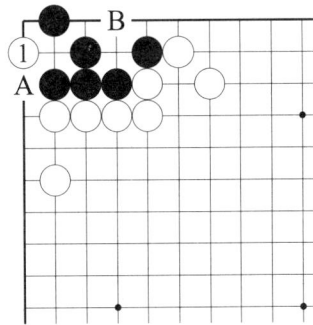

习题 94

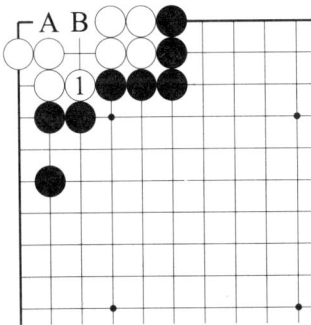

习题 95

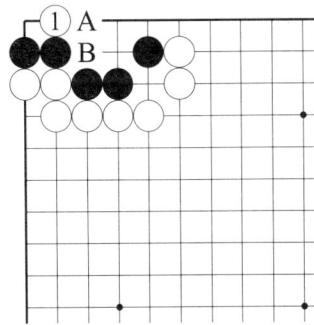

习题 96

以下各图均为黑先，请在A和B中选择正确下法。

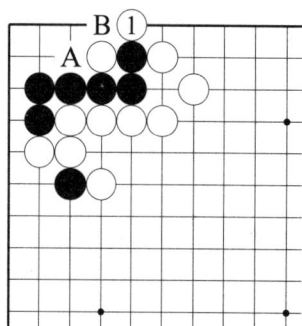

习题97

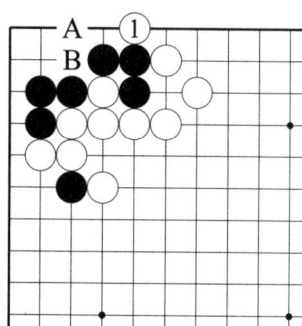

习题98

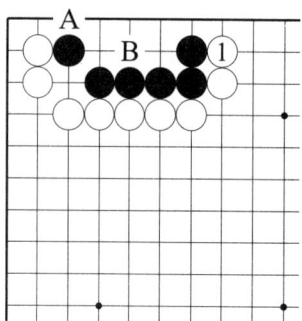

习题99

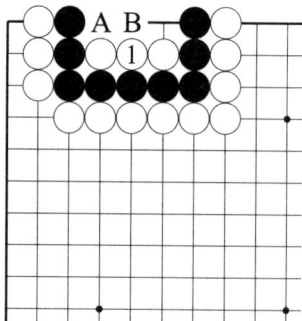

习题100

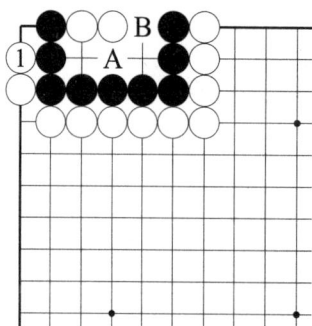

习题101

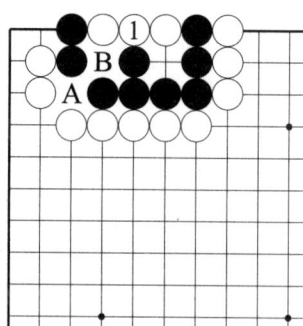

习题102

以下各图均为黑先，请在 A 和 B 中选择正确下法。

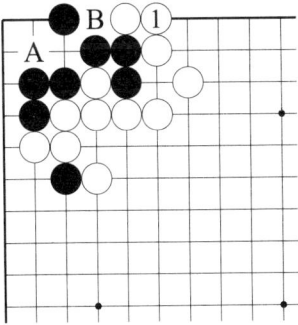

习题 103

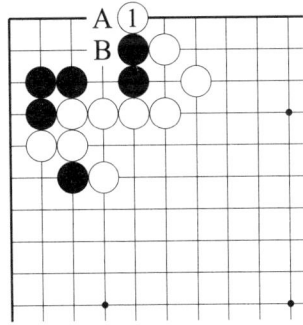

习题 104

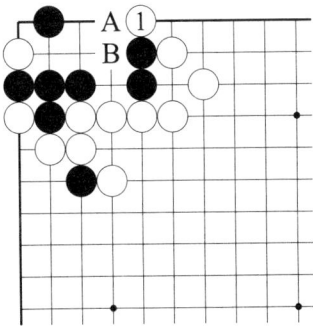

习题 105

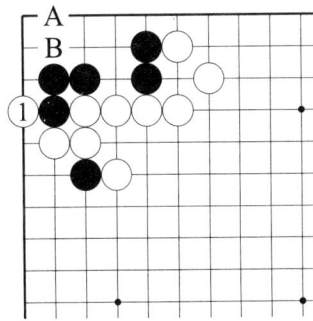

习题 106

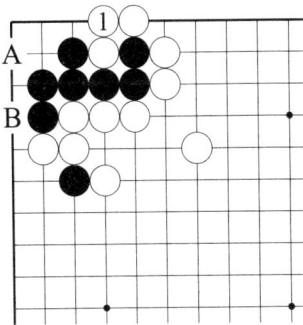

习题 107

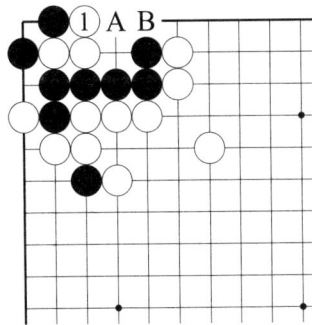

习题 108

以下各图均为黑先，请在A和B中选择正确下法。

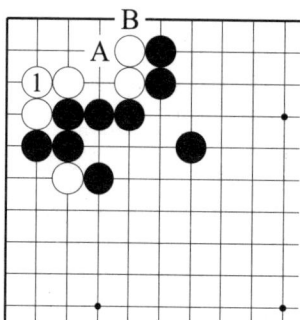

习题109

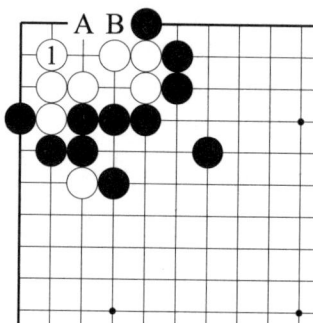

习题110

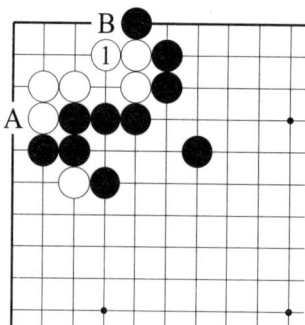

习题111

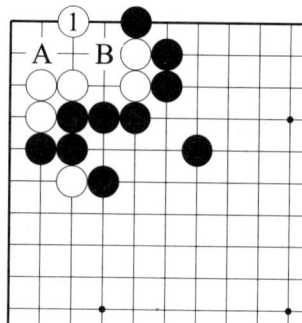

习题112

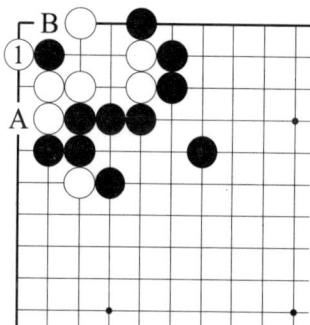

习题113

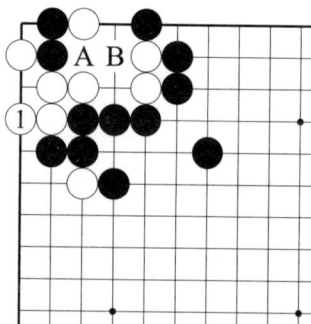

习题114

以下各图均为黑先，请在A和B中选择正确下法。

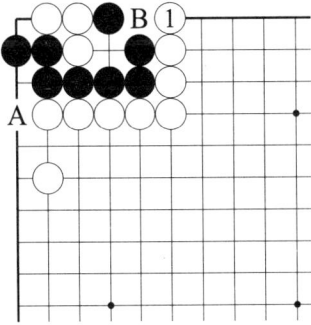

习题115

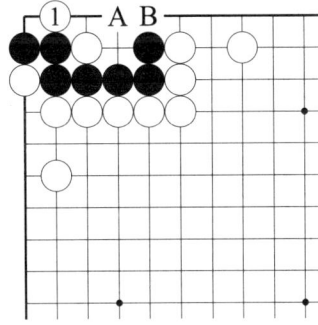

习题116

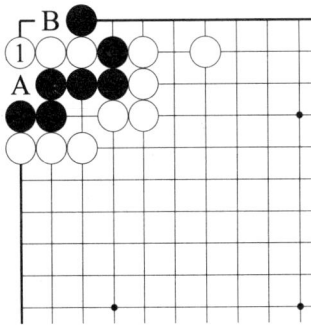

习题117

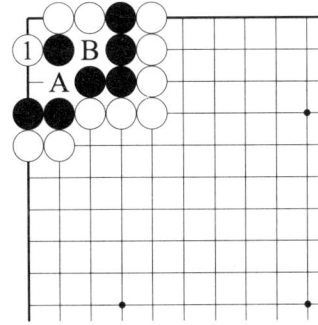

习题118

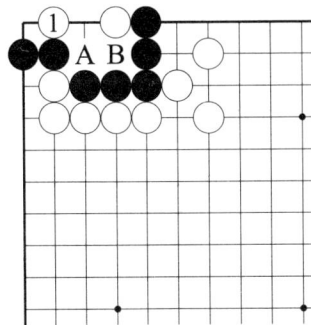

习题119

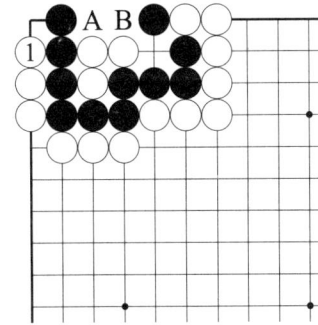

习题120

以下各图均为黑先，如何做活和杀棋?

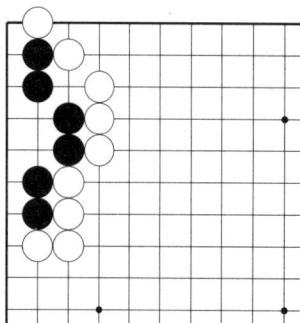

习题121

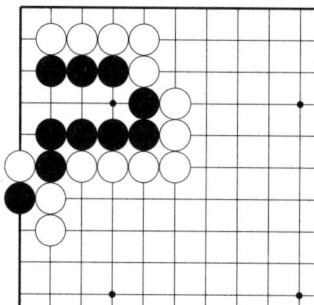

习题122

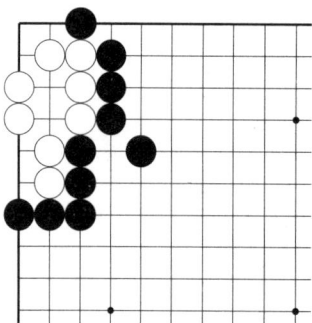

习题123

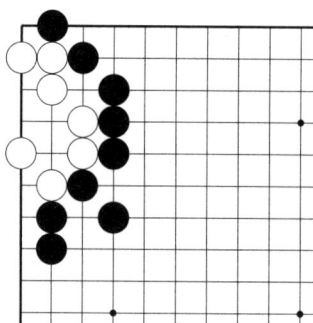

习题124

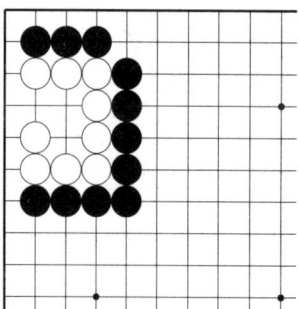

习题125

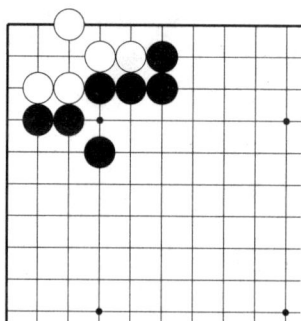

习题126

练习题解答

习题1 ～ 习题 6 解答：有，无，有，无，有，无

习题7 ～ 习题12解答：有，无，有，无，有，有

习题13 ～ 习题18解答：有，有，有，有，有，有

习题19 ～ 习题24解答：B，A，B，A，A，A

习题25 ～ 习题30解答：A，B，B，B，A，B

习题31 ～ 习题36解答：A，A，B，A，A，A

习题37 ～ 习题42解答：A，A，A，A，A，A

习题43 ～ 习题48解答：A，A，B，B，B，B

习题49 ～ 习题54解答：A，A，A，B，A，A

习题55 ～ 习题60解答：A，B，A，B，A，A

习题61 ～ 习题66解答：A，B，B，B，A，A

习题67 ～ 习题72解答：A，B，B，B，B，A

习题73 ～ 习题78解答：B，B，A，B，A，B

习题79 ～ 习题84解答：A，B，B，A，A，A

习题85 ～ 习题90解答：A，B，A，B，B，A

习题91 ～ 习题96解答：B，A，B，B，A，B

习题97 ～习题102解答：A，A，B，B，A，A

习题103~习题108解答：A，A，A，A，A，B

习题109~习题114解答：B，A，A，A，B，A

习题115~习题120解答：B，A，B，A，A，A

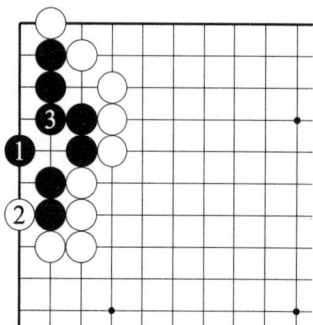

习题 121 解答（正解）

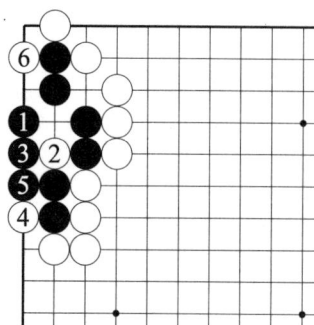

习题 121 解答（失败）

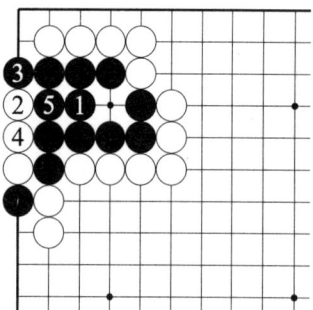

习题 122 解答（正解）

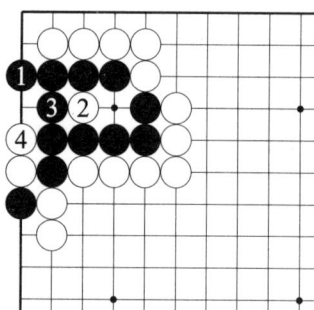

习题 122 解答（失败）

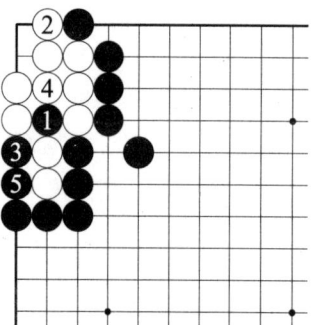

习题 123 解答

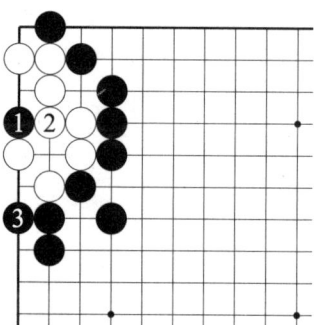

习题 124 解答

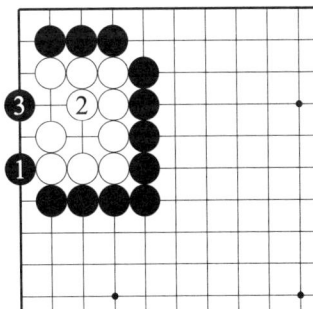

习题125解答（正解）

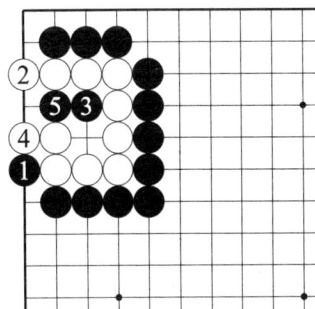

习题125解答（参考）

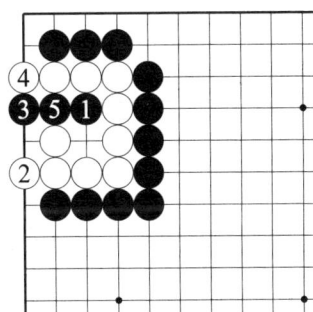

习题125解答（失败）

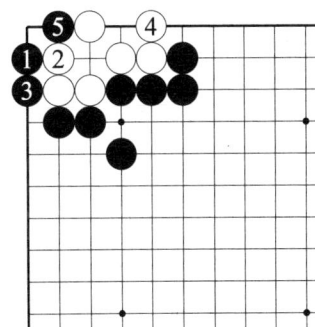

习题126解答（正解）

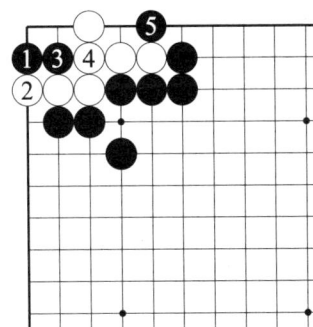

习题126解答（参考）

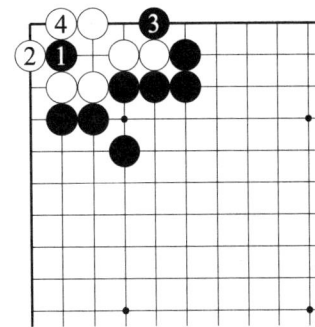

习题126解答（失败）

第4章　行棋手法训练

当双方的棋子互相接触，自然会引发战斗。如果不掌握基本的行棋要领，战斗时就容易吃亏。

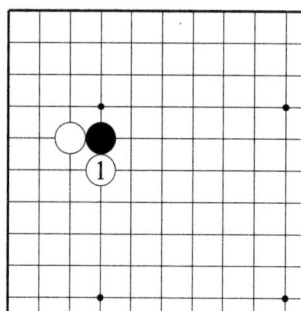

图　1

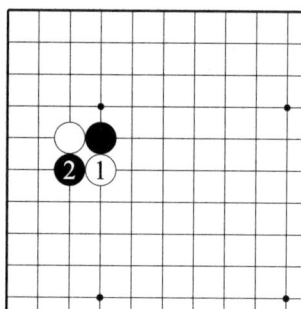

图　2

图1　白1扳时，怕不怕黑棋来断呢？不怕。

图2　黑2若断，便成了扭十字。

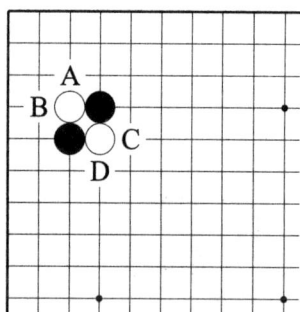

图　3

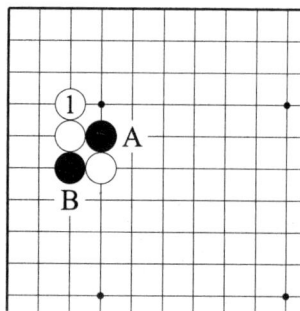

图　4

图3　棋诀说，"扭十字，一边长"，此时白棋可在A、B、C、D诸点中选择长的方向。

图4　比如白棋选择了白1长，接下来白既能A位吃又能B位吃。由此我们可以看出，被白棋先一边长，通常意味着黑棋吃亏。

当出现扭十字时，不要轻意去打吃。

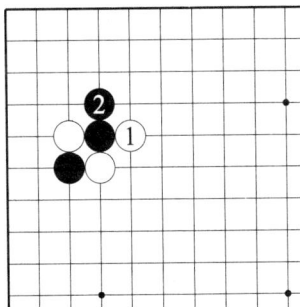

图 5

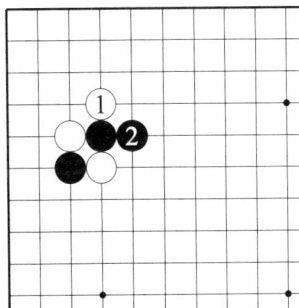

图 6

图5　如本图白1打吃。

图6　又如本图白1打吃。

两图白棋随手打吃的结果，等于扭十字时让黑先一边长了，而这通常正是黑棋所期盼的。

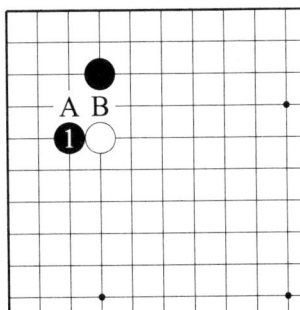

图 7

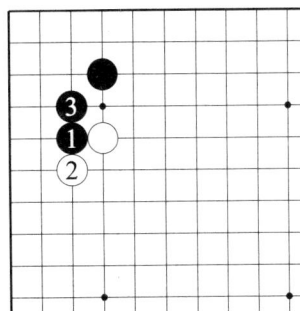

图 8

图7　在小目一间高挂后的下法中，经常可以看到黑棋采用黑1托，不怕白A位扳断，正是这个道理。要是接下来白棋果真在A位内扳，黑棋当然在B位切断，无异于扭十字时黑先一边长。

图8　所以，当黑1托时，白2总是外扳。接着若让白再3位打断可不得了，于是，黑3拉回一子。

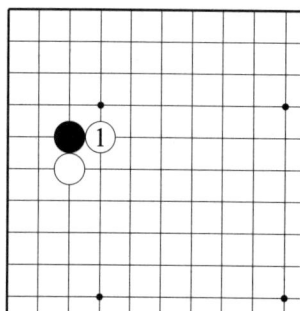

图　9

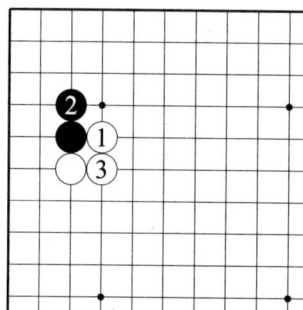

图　10

图9　当双方各一子，而对方又扳在前时，你怎么办呢？如本图白1扳，黑棋如何应付呢？

图10　既然不能断，通常就只有长，本图的黑2长又叫退。黑长出一子后，白3补断就十分有必要了。当然，白棋除了白3粘之外，还可以用虎的方法来补断，可根据不同情况来选择。

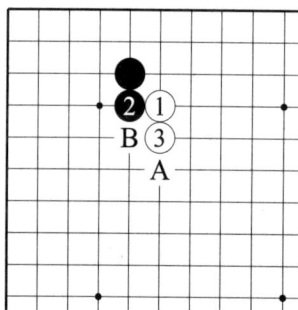

图　11

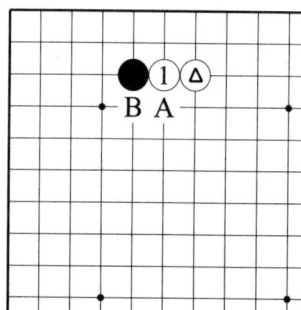

图　12

图11　正是基于这个道理，现在假设白1尖冲、黑2长，白3则或如图长或A位跳，而不能在B位扳，否则黑会3位断。

图12　现在，白1的下法一般不再称靠，而应称顶。一个子靠时称靠，像这样连着⚛子一起来靠称顶。白1来顶时，黑能不能在A位扳呢？当然不能。黑若A位扳，白B断严厉。

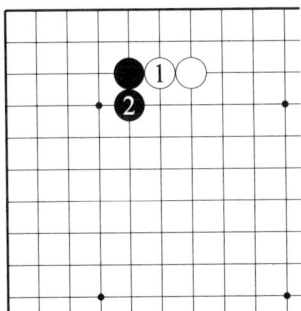

图 13

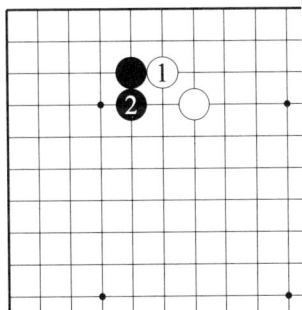

图 14

图13 本图白1这样的顶可称横顶，此时黑2只能长。

图14 本图白1的顶法叫尖顶。棋诀说"逢尖必长"，那里所说的"尖"就指本图这样的尖顶。尖顶在实战中经常被运用，当遇到像本图白1这样的尖顶时，黑2也只能长。

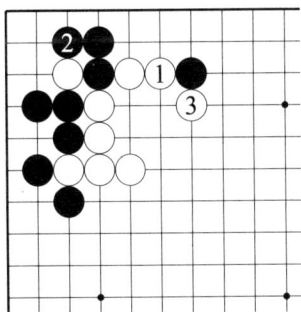

图 15

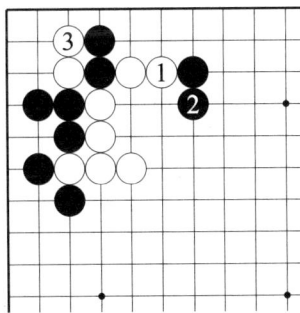

图 16

图15 不妨举一个顶在实战中的应用例。本图是黑占小目白一间高挂后演变出来的，此时的白1就是顶。白1看起来针对右侧黑一子，其实暗藏着对左侧黑二子下手。黑2只好吃住角上白一子，于是白3扳，也获得了一定利益。白运用顶的手法得以整形。

图16 白1顶时，若黑2教条地强行长起一子，则白3贴住，黑二子被吃，黑损失更大。

我们再来看看跳的运用。

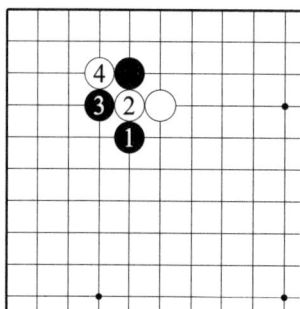

图 17

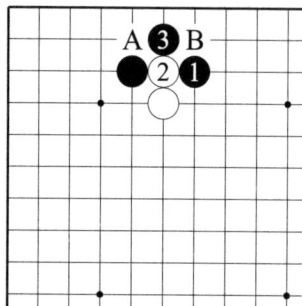

图 18

图17 仍说白棋来尖冲，黑1跳应就不行。黑1若跳，白2、4只需冲断，便回到了扭十字时黑随手打吃让白先一边长的状态。

图18 但在三路上的跳有所不同。在实际对局中，经常可以看到类似本图黑1这样的跳，接着白2若冲，黑3当然挡住。这时在二路线上，存在着A位和B位两个断点。

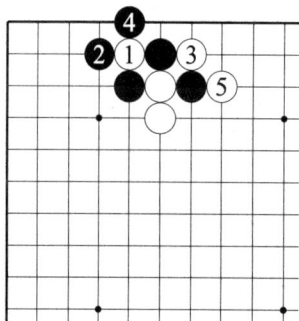

图 19

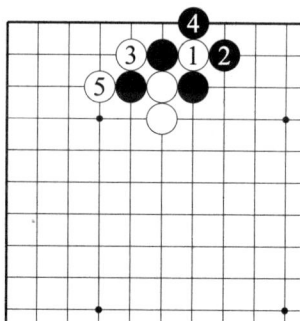

图 20

图19 接下来，白1若先断左边，则黑2、4打拔一子，白5征吃黑右侧一子，通常黑还会有针对右侧一子的引征之利。

图20 白1若先断右边，则黑2、4同样打拔一子，白5征吃黑左侧一子，通常黑还会有针对左侧一子的引征之利。

总之，白棋断哪边，黑棋就打吃哪边，尽管黑两侧之一子要被征吃，但黑总能先手拔一朵花。正是从此意义上说，在三路上跳时，不怕对方来冲断。而对白棋来说，先断左边还是先断右边，要看白棋图什么。要是图左边就先断右边，要是图右边就先断左边，真是反其道而断之。

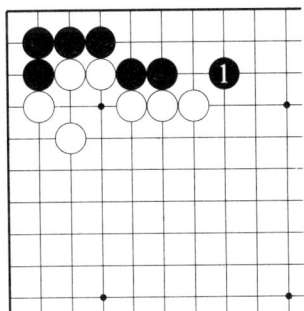

图　21

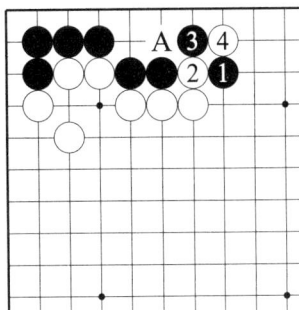

图　22

图21　但上面说的一般规律在特殊情况下或许就不适用。例如在本图这样的情况下，黑1跳只能是自找倒霉。

图22　白2、4冲断，此时黑大概只有放弃外面一子而在A位接了。

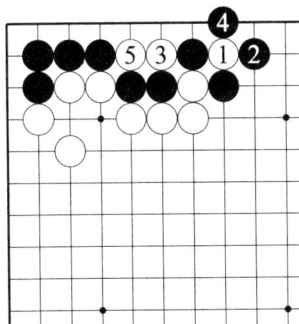

图　23

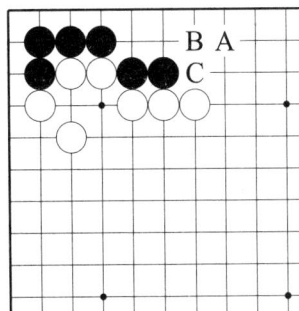

图　24

图23　白1断时，倘若黑2、4仍强行打拔，则不但黑二子被吃，角上的黑子也都成了"蟑螂死光光"，黑损失就太大了。

图24　因此，这时黑不能再跳，只能走A位飞或B位尖或C位爬。

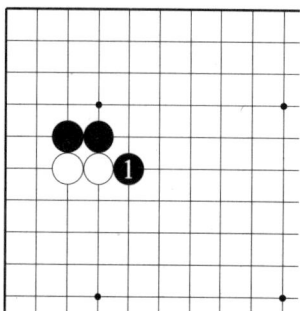

图　25

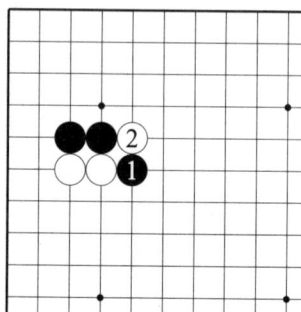

图　26

图25　上面说到的扳头是扳一子的头，下面看看扳二子的头。黑1就是扳二子头。通常扳二子头是占便宜的。

图26　黑1扳二子头后，怕不怕白2来断呢？不怕。

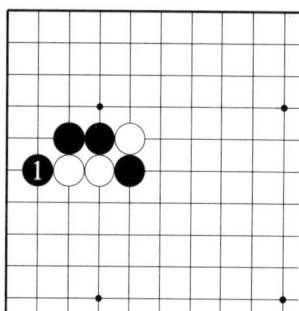

图　27

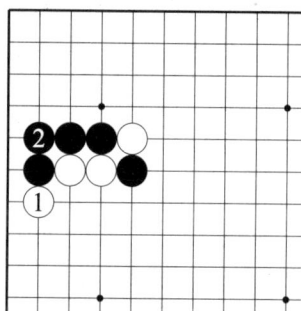

图　28

图27　此时黑不要轻易去打吃，黑1可继续扳白二子另侧的头。

图28　接下来，白1反扳，黑2接住。这里黑棋是以多打少，黑一子正断在紧要处，白不会有好果子吃。

图29　所以，当黑1内托时，白2总是下扳，既不下A位也不下B位。

图30　倘若成白2、黑3，等于白被扳二子头，白不舒服。

图31　而当黑1外靠时，白2也总是在二路扳。

图32　若白2外扳，被黑3断，等于扭十字时黑先一边长。

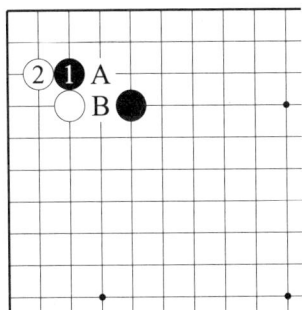

图 29

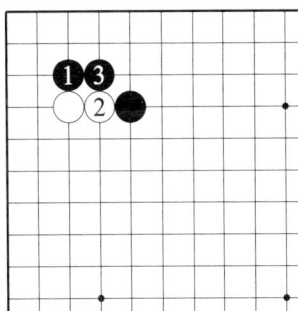

图 30

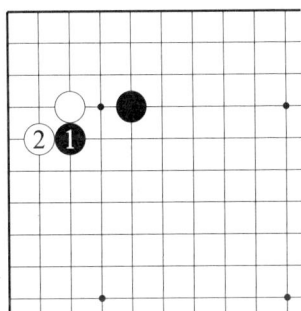

图 31

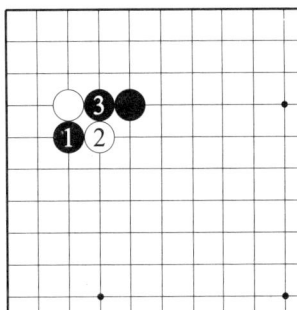

图 32

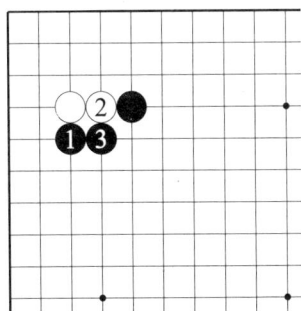

图 33

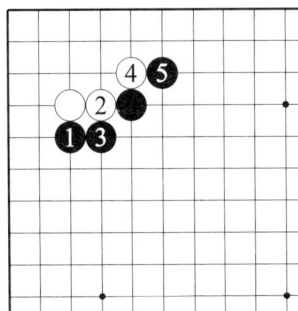

图 34

图33 若白2顶，又等于被黑扳二子头，令人心情不爽。

图34 接下来若白4反扳，黑5可连扳，白只有委屈地被封锁在角部。

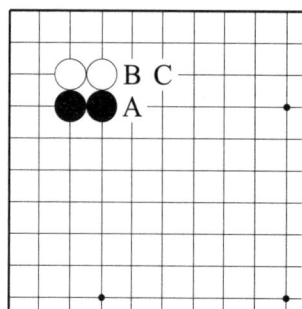

图　35

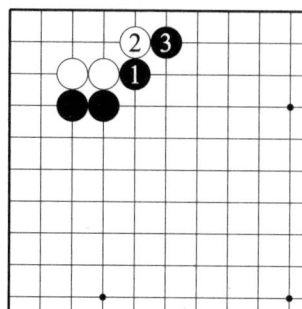

图　36

图35　此时的局势，大概该白下的机会不多。为了不让白在A位扳二子头，黑会在A位长，也可能黑下B位或C位。

图36　随着人工智能的出现，在当下棋手的意识里，如果下黑1扳，当白2反扳时，黑3多半是准备连扳的。白2反扳是能想象出的，因为除此外白无其他应手，于是黑3的连扳也就呼之欲出了。

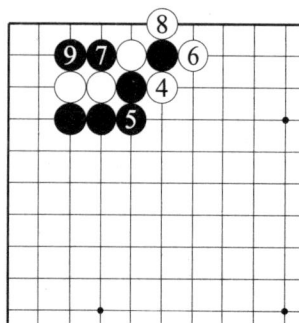

图　37

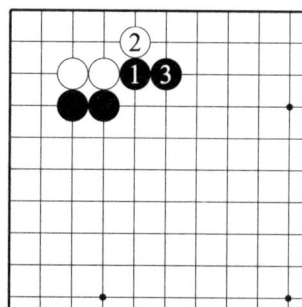

图　38

图37　接上图，至黑9，白在外面先手拔花，而黑吃住白二子得角地。这样的结果，向来被视为两分，并不认为黑棋通过上图黑3的连扳就占了什么便宜，甚至有人还觉得白棋不错。

图38　按照传统理论，当黑1扳、白2反扳时，黑3是要长的。黑3长可谓传统意识中的主流下法。

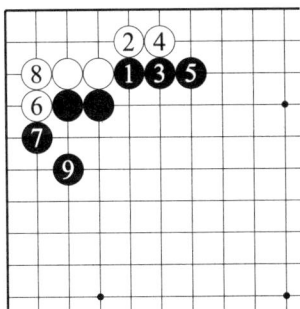

图 39

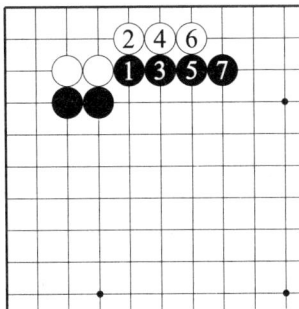

图 40

图39 本图已是大家耳熟能详的一个定式，白先手占据角地，而黑的外围非常厚实，一直被公认为属合理下法。

图40 但白方似乎感觉到了丝丝不满，即认为上图的白6、8有凑黑走厚之嫌。于是，白在传统下法的基础上做了些许改进，即当黑5长时，白6多爬一手，然后就在此处脱先了。

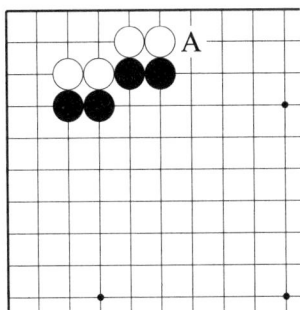

图 41

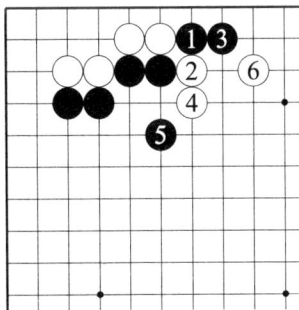

图 42

图41 应特别强调指出，当棋局进行至此轮黑棋下时，绝不可机械地以为下A位也是扳二子头。

图42 如果黑1强行扳下，白2会毫不犹豫地断上来，以下无非是黑3至白6，黑将被迫在二路爬行，黑明显不利。

练习题

以下各图均为黑先，请在A和B中选择正确下法。

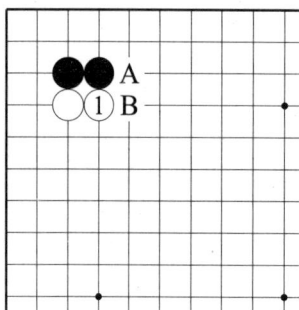

习题1

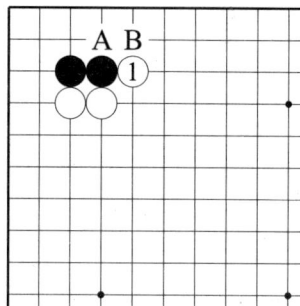

习题2

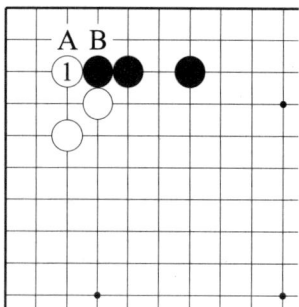

习题3

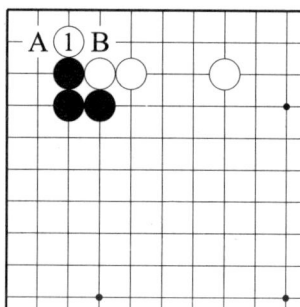

习题4

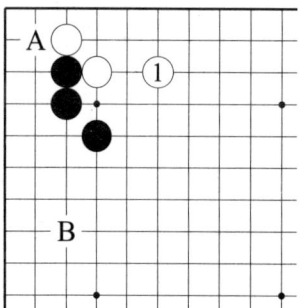

习题5

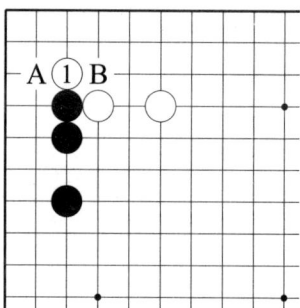

习题6

以下各图均为黑先，请在A和B中选择正确下法。

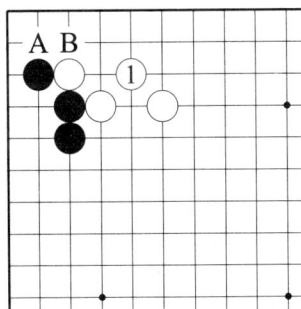

习题7

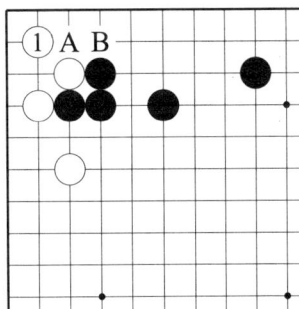

习题8

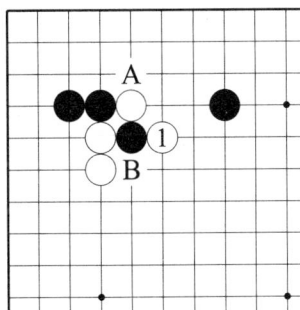

习题9

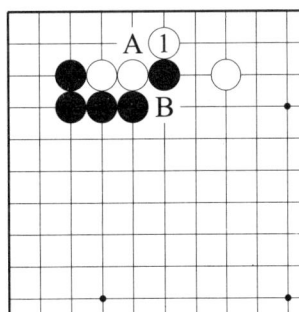

习题10

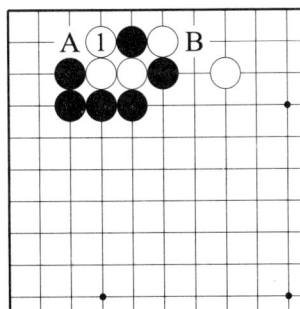

习题11

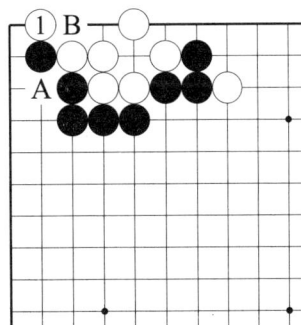

习题12

以下各图均为黑先，请在 A 和 B 中选择正确下法。

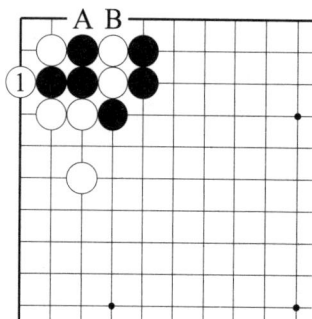

习题13

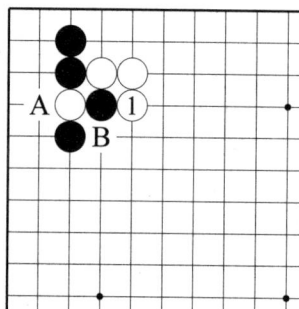

习题14

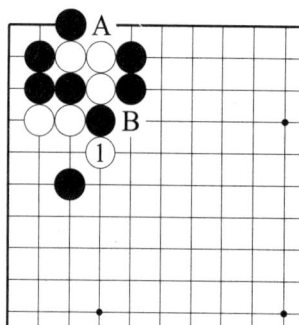

习题15

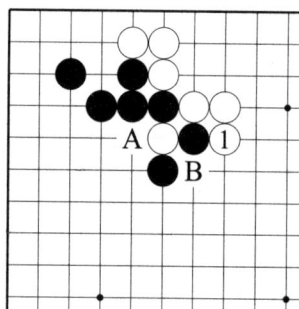

习题16

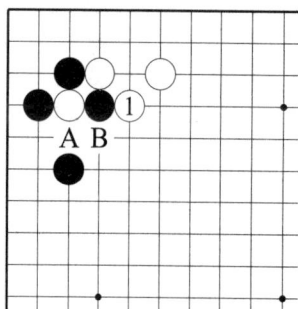

习题17

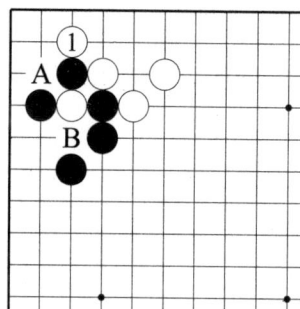

习题18

以下各图均为黑先，请在 A 和 B 中选择正确下法。

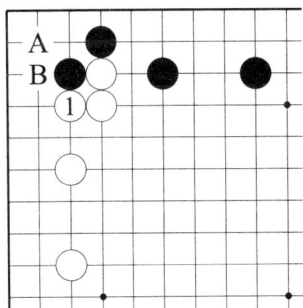

习题 19

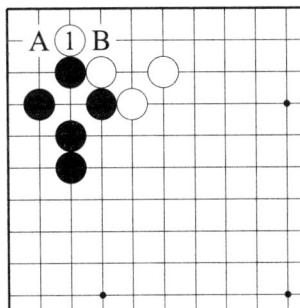

习题 20

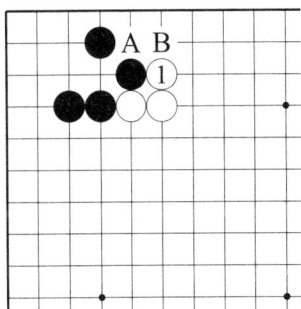

习题 21

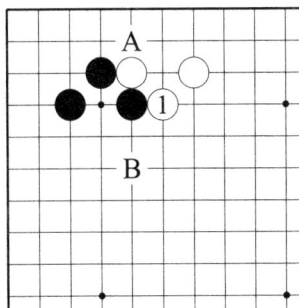

习题 22

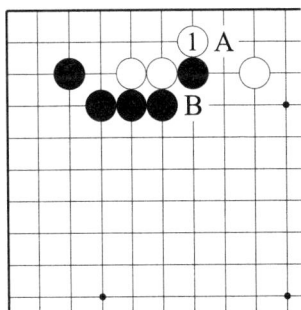

习题 23

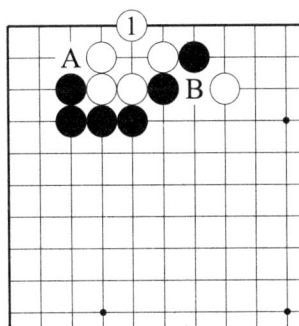

习题 24

以下各图均为黑先，请在A和B中选择正确下法。

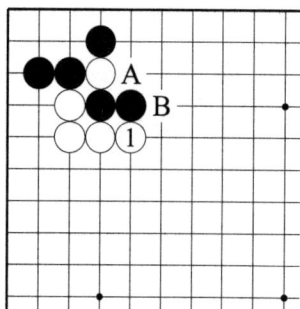

习题25

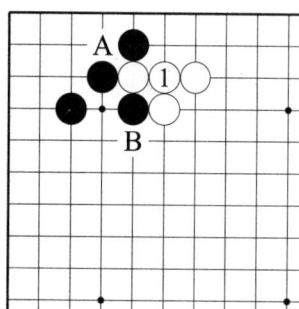

习题26

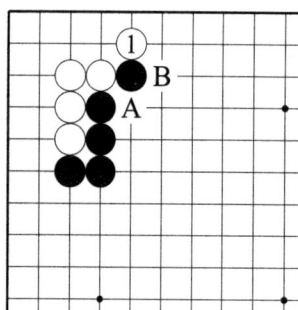

习题27

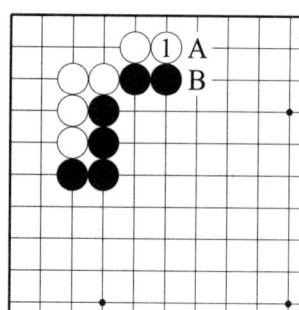

习题28

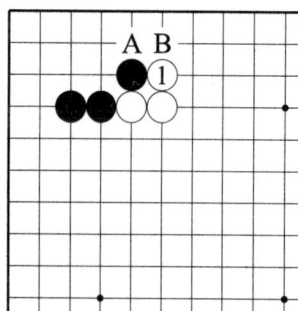

习题29

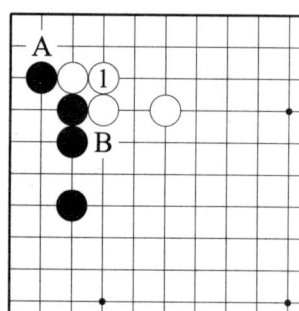

习题30

以下各图均为黑先，请在A和B中选择正确下法。

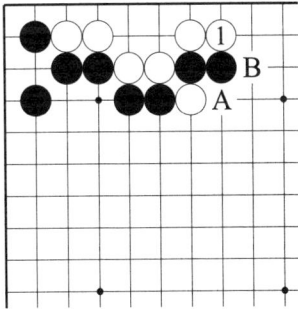

习题31

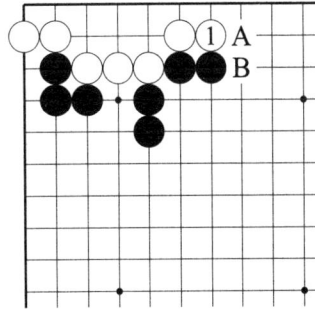

习题32

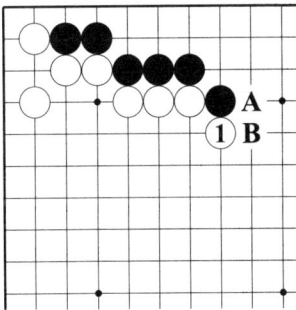

习题33

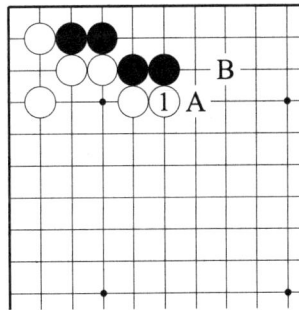

习题34

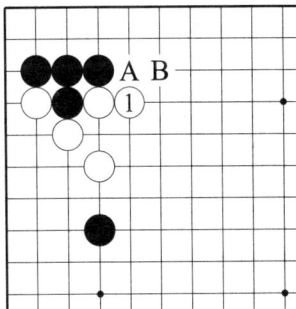

习题35

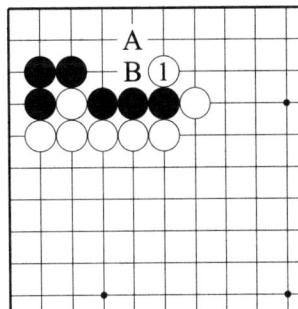

习题36

以下各图均为黑先，请在A和B中选择正确下法。

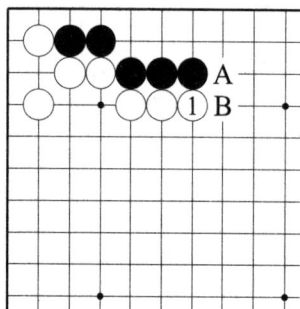

习题37

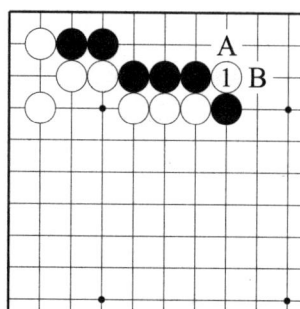

习题38

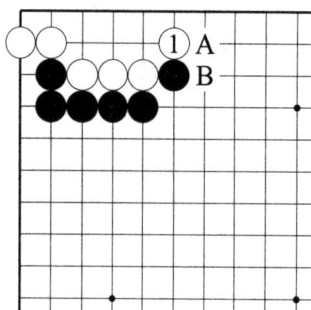

习题39

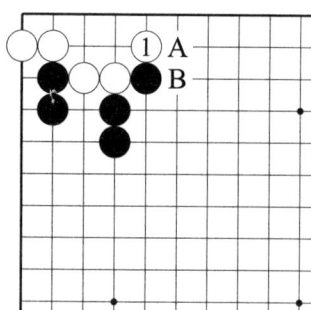

习题40

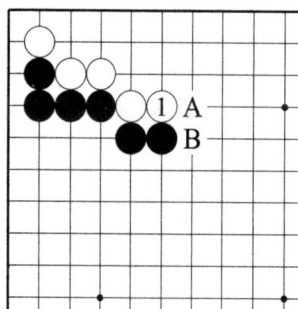

习题41

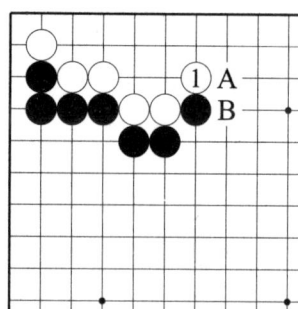

习题42

以下各图均为黑先，请在A和B中选择正确下法。

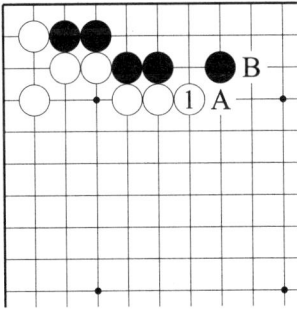

习题43

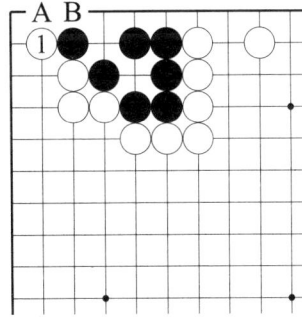

习题44

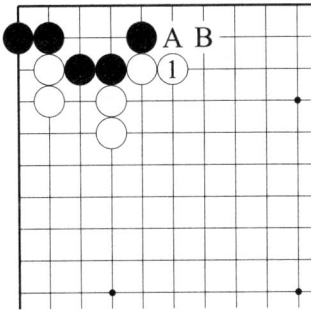

习题45

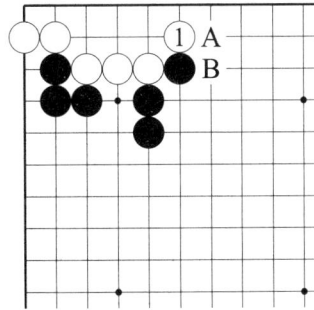

习题46

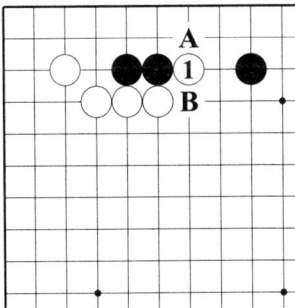

习题47

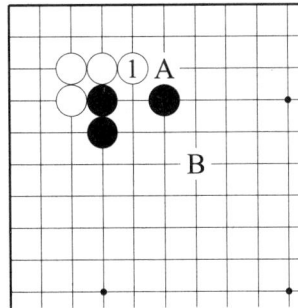

习题48

以下各图均为黑先，请在A和B中选择正确下法。

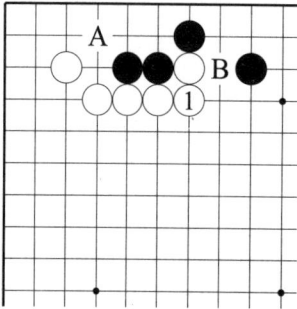

习题49

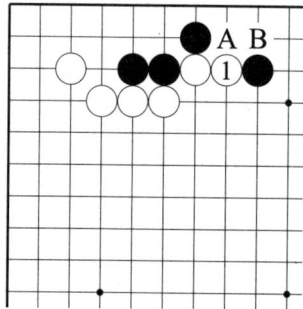

习题50

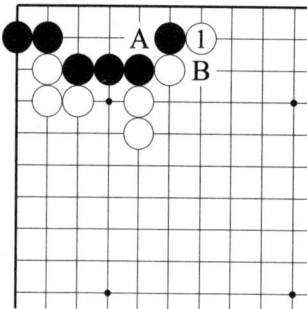

习题51

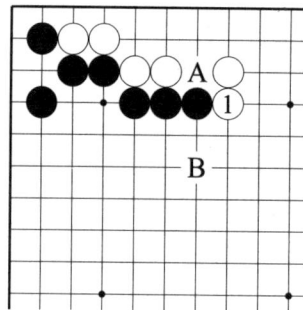

习题52

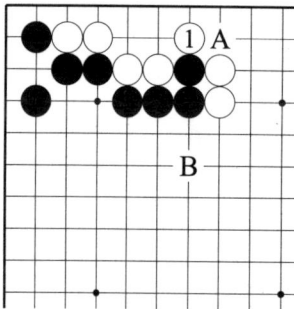

习题53

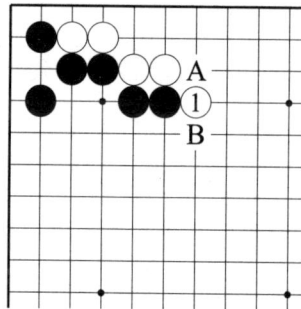

习题54

以下各图均为黑先，请在A和B中选择正确下法。

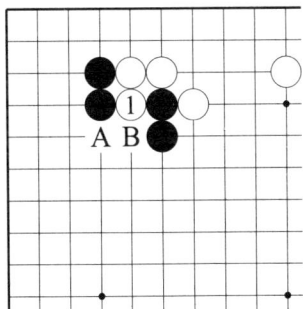

习题55

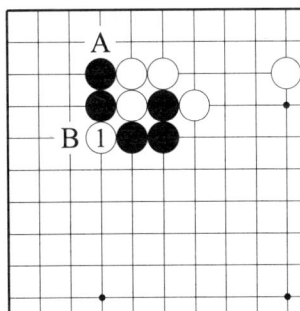

习题56

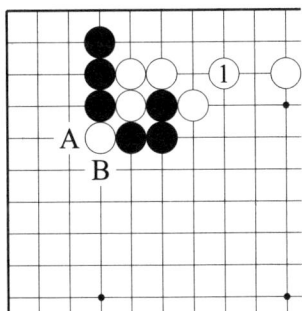

习题57

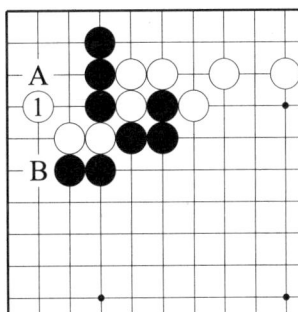

习题58

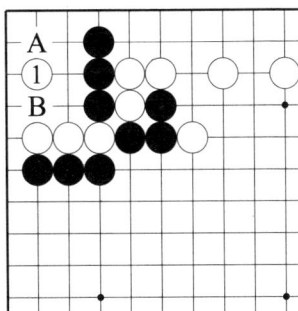

习题59

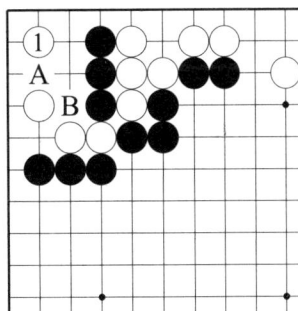

习题60

以下各图均为黑先，请在 A 和 B 中选择正确下法。

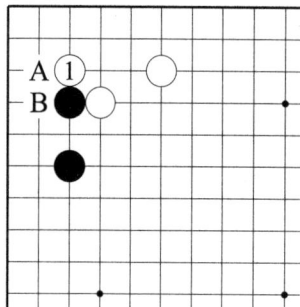

习题 61

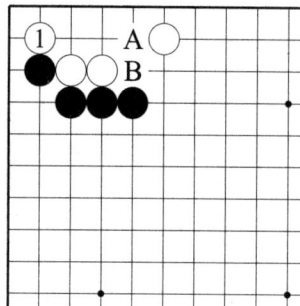

习题 62

练习题解答

习题 1 ~习题 6 解答：B，B，A，A，A，A

习题 7 ~习题 12 解答：B，A，A，A，B，B

习题 13~习题 18 解答：B，B，B，B，A，A

习题 19~习题 24 解答：A，B，B，A，B，B

习题 25~习题 30 解答：B，B，B，A，A，A

习题 31~习题 36 解答：B，B，A，B，B，A

习题 37~习题 42 解答：B，B，A，A，A，A

习题 43~习题 48 解答：B，A，A，B，A，B

习题 49~习题 54 解答：B，A，B，A，A，A

习题 55~习题 60 解答：B，A，B，B，A，A

习题 61~习题 62 解答：A，A

第5章 布局训练

要注意大场先行。大场，即大的地方。除了占角、守角、挂角都是当然的大棋之外，我们一般说大场，常常是指有利于开拓己方地域、扩展己方势力范围和妨碍对方开拓地域、限制对方扩展势力范围的好点。

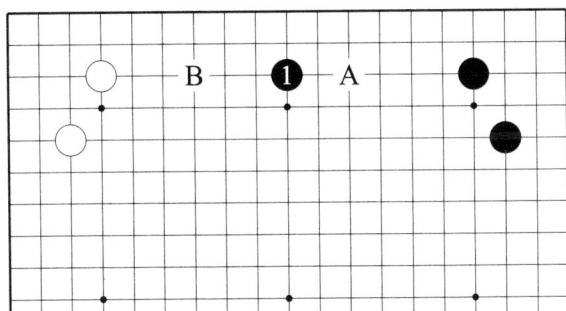

图　1

图1　黑1是令双方瞩目的大场，既扩大了自己，又限制了对方。以后白棋若在A位打入，黑可在B位拆二，白打入一子却无拆二之余地。

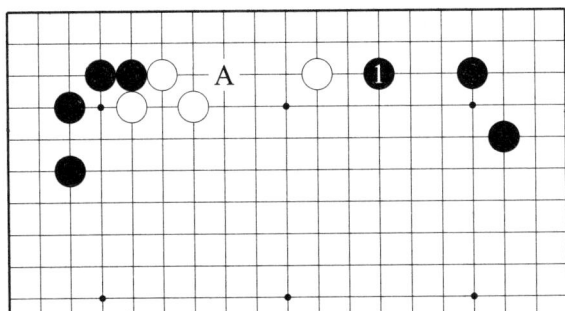

图　2

图2　大和小是相对而言的，同样是大场也有轻重缓急之分。如本图黑1拆二，既扩大了角地，又瞄着A位的打入。这种具有后续手段的大场，尤应注意抢占。

117

要注意急所必争。急所，指急于抢占之处。那些关系到整块棋的安危，关系到双方的强弱或形势消长的要点，都是要争先抢占的。

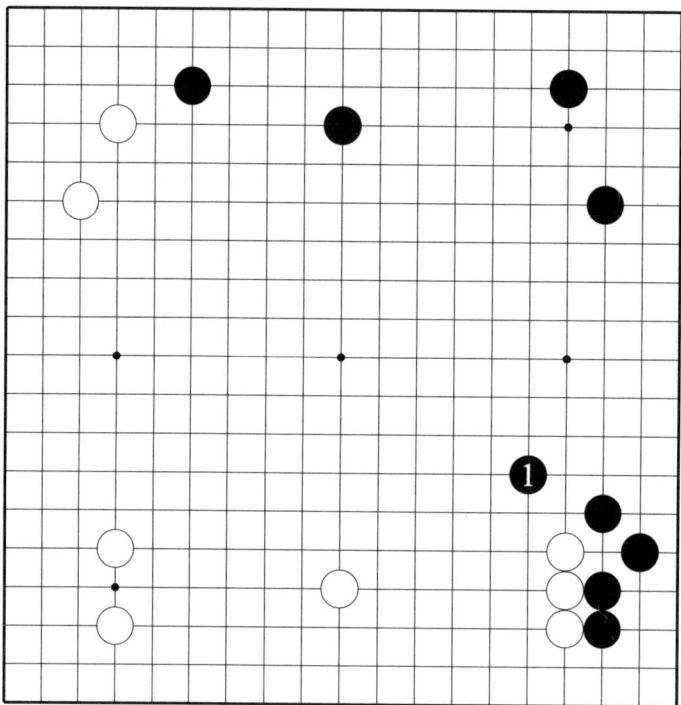

图 3

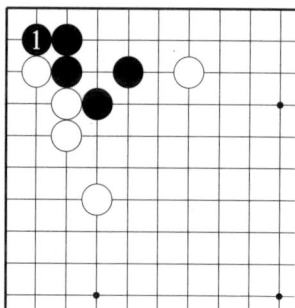

图 4

图3 黑1是双方形势消长的要点。黑1之后，黑棋的模样明显扩大，而白棋的势力发展受到了限制。当双方形成以互围模样进行抗争的局面时，这种要点的争占尤为重要。

图4 黑1看起来好像不大，却关系到黑整块棋的安危。黑1之后，这块棋就活了，这对以后的作战必会产生很大影响。

要知道两翼张开是有利于取地围空的好阵形。

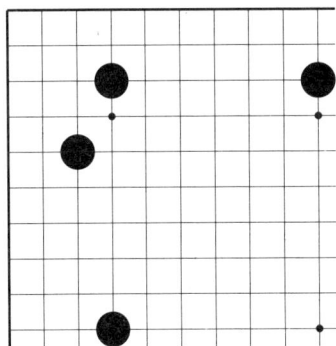

图　5

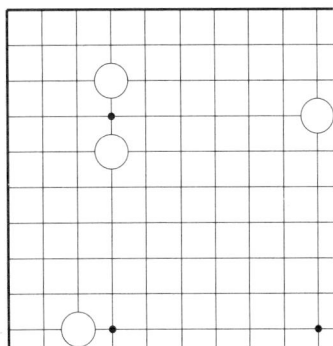

图　6

　　图5、图6　黑子和白子分别以角地为依托，布成了两翼张开的理想阵形。当对方来打入或侵消时，一般来说自己起码能占住一边。

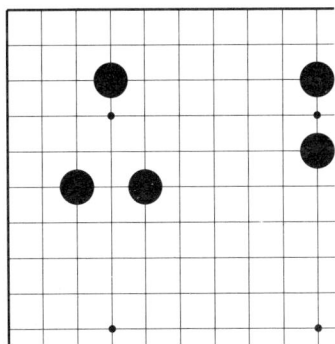

图　7

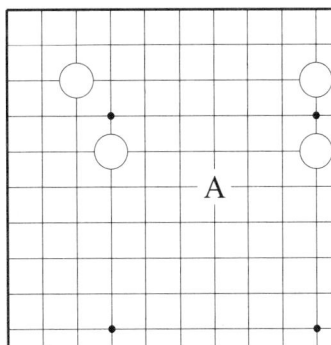

图　8

　　图7、图8　两翼张开阵形的一个很大优势在于成空效率高。围棋中有一句术语是"棋子围空方胜扁"，就是说同样子数围地，方的要比扁的大。方的，也就是立体形状，习惯上把这种形状叫"箱形"。本两图中的黑棋和白棋就分别布成了一个比较理想的箱形。白棋若A位再补一手，别看用子数不多，围空却既多又实。

要知道高低配合是有利于发挥子力作用的好结构。三线利于取地，但发展性较差；四线利于取势，但有点虚而不实。所以通常好的结构，都是注意了高与低的配合，也就是充分发挥了子力的作用。

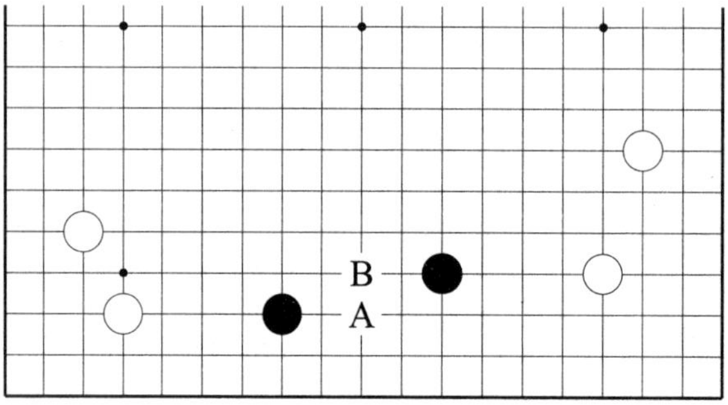

图　9

图9　要让两个棋子间隔三路又能保持有效联络，大概只能属本图这样两个黑子一高一低的配置了。在这里，白A位打入时黑B位压过，白B位打入时黑A位托过，总不能把两个黑子截然分开。倘若两个黑子都在三线白A位打入，或两个黑子都在四线白B位打入时，黑就不易处理。

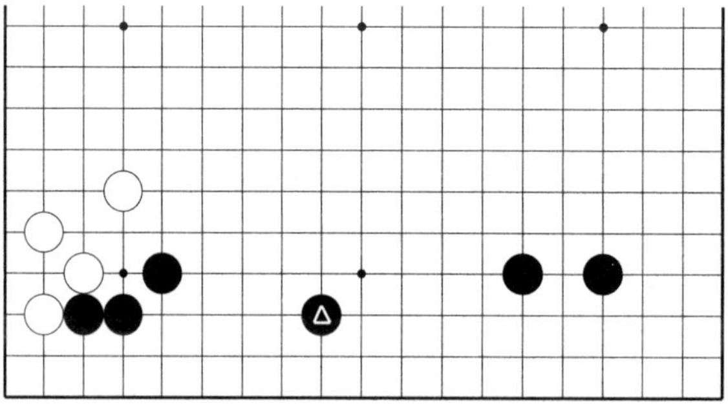

图　10

图10　黑子高低配合，错落有序，即便从视觉上也让人感到舒服。由于两边黑子的位置都比较高，▲子位置低一些就很合适。如果▲子也放在四路线上，下边显得空虚，白棋打进来相对较容易。

接着看一看拆地与夹攻。布局阶段在三线上走出一个拆二，大致上就可以认为已是一块活棋。夹攻则是不让对方在边上拆。一旦对方的棋没有根据地，便可对其展开攻击。

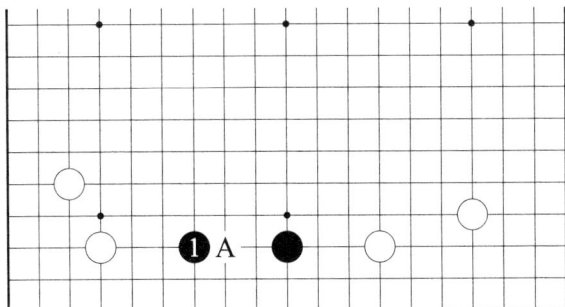

图 11

图11 黑1就是拆地，是一个拆二，在边上建立根据地是非常重要的。若黑1不拆，白棋就会下A位，白下A位这手棋就是夹攻。一旦黑棋在边上无根据地，便只剩下仓皇出逃一条路了。

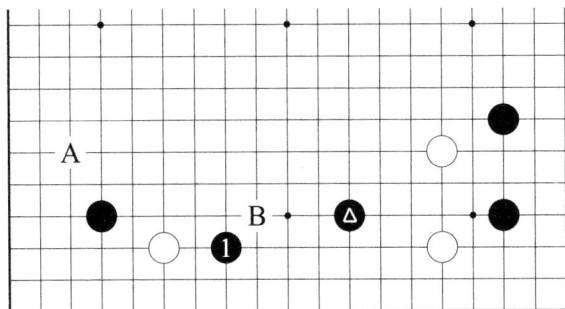

图 12

图12 如果一个棋子既是拆边又是夹攻，那么这一子的效率就非常高。有的时候，若你不去占领拆兼夹的好点，反过来还会给对方留下这样的好点，这时抢占这样的点便显得更为重要。本图黑1就是连拆带夹。黑1若改下A位守，反过来被白占B位连拆带夹攻黑⚫一子，则攻守完全颠倒。

接着看一看分投与拦逼。

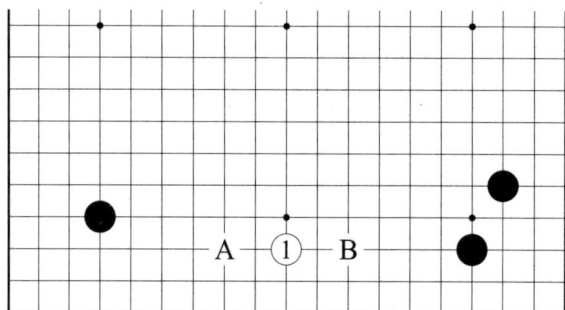

图　13

图 13　白 1 是分投的好点，接着无论黑从左边拦白向右边拆，还是黑从右边拦白向左边拆，白总能拆到一处。白 1 下了之后，总能在边上开拆，像这样的一手棋叫分投。此时黑阻止白开拆已不可能，但选择拦逼方向的权利却在黑方。黑可选择 A 位方向拦，也可选择 B 位方向拦，视需要而定。

拦逼是围棋中的一种基本战术，也可把它看成一种比较强烈的手段。并不是只有当对方分投时才存在拦逼，而是在只要适合应用的场合都能看到它。

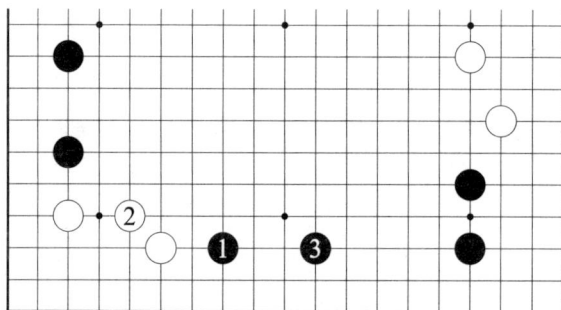

图　14

图 14　黑 1 逼是先手，由于左下白角空虚，白 2 需补一手，于是黑 3 得以拆回。通过黑 1 拦逼，黑占据了价值很大的下边。如果黑不运用拦逼战术而直接在 3 位一带拆，白多半会在 1 位拆，一出一入，相差不少。

再来看看出头与封锁。

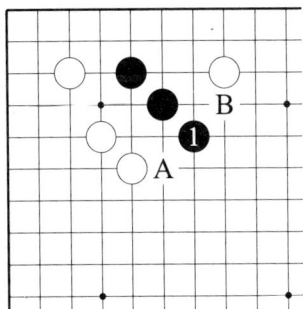 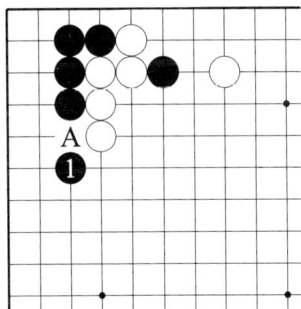

图　15　　　　　　　　　图　16

图15　黑1出头，防止被白棋封锁，这步棋非常重要。根据不同情况，黑1也可改在A位或B位靠压出头。反过来，若黑1不下，被白在1位封锁，马上黑两子便危在旦夕。

图16　出头的目的并不是单纯为了求活。例如此时黑1跳出就是绝对的一手。往中腹出头也好，往边上出头也好，总之是不让对方把自己的棋封住。本图若黑1不跳，被白A位拐，黑角虽不致死，但也有生不如死的感觉。

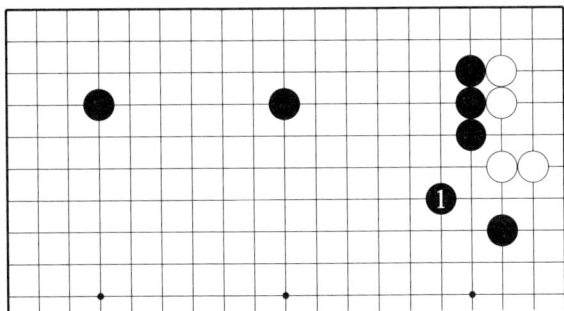

图　17

图17　同样，封锁的目的也不是单纯为了吃棋。例如此时黑1飞封也可以说是绝对的一手。黑1后，黑势很壮观，但角上白棋并不存在死活问题。在这里，封锁是构筑外部势力的有效手段。

再来看看加高与压低。

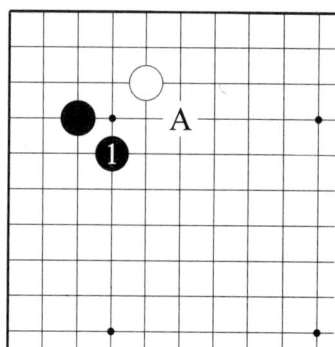

图 18

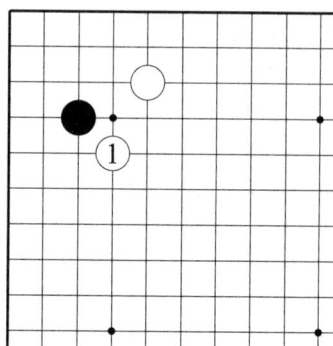

图 19

图18　黑1尖起，可视为最简单的加高，利于向中腹发展。黑1加高后，便有了接下来A位压低白棋的手段。

图19　白1飞压，可视为最简单的压低，在压低的同时扩展己方的势力。1位对双方来说都是好点。

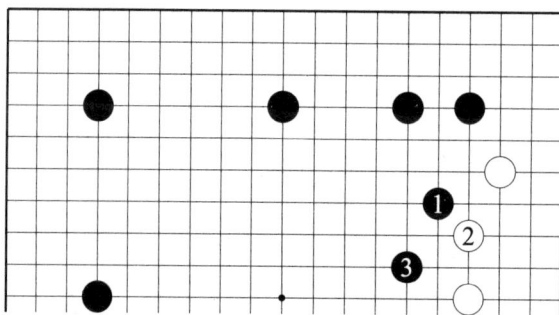

图 20

图20　加高，是往中央扩张的战术，更多地应用在互张模样的对局中。加高和压低又是相辅相成的。例如本图，黑1、3在加高自身的同时，又有效地压低了白棋的阵势。

练习题

以下各图均为黑先，请在A和B中选择正确下法。

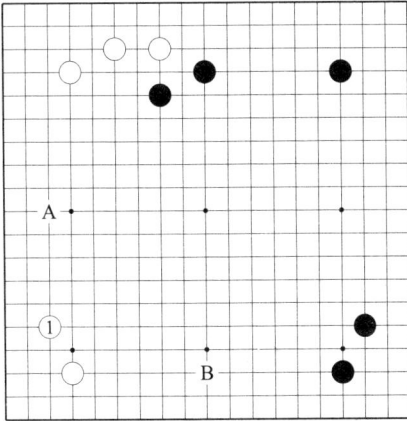

习题1

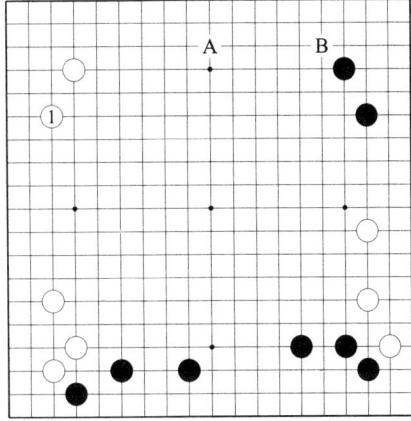

习题2

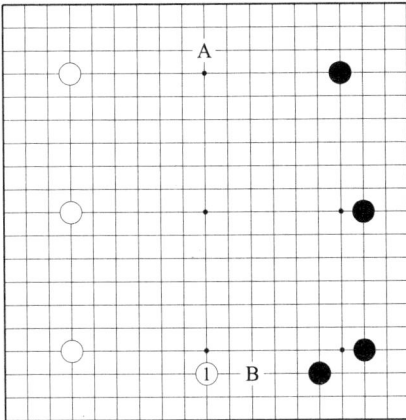

习题3

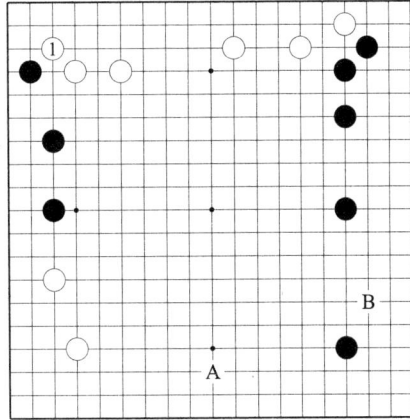

习题4

以下各图均为黑先，请在 A 和 B 中选择正确下法。

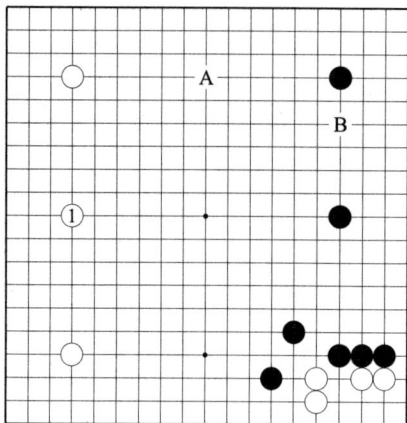

习题 5

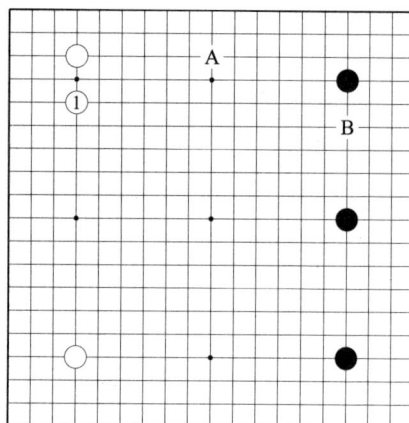

习题 6

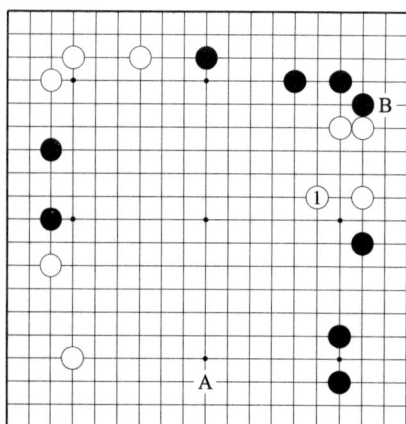

习题 7

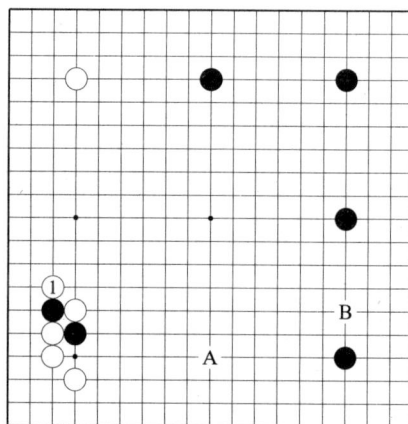

习题 8

以下各图均为黑先，请在A和B中选择正确下法。

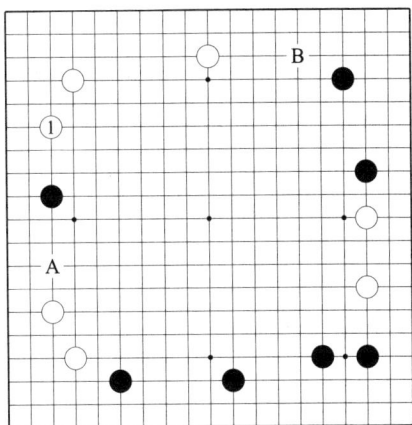

习题9

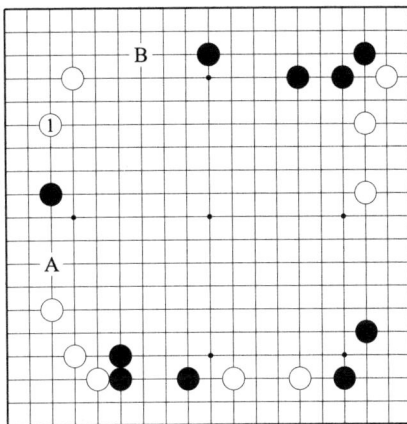

习题10

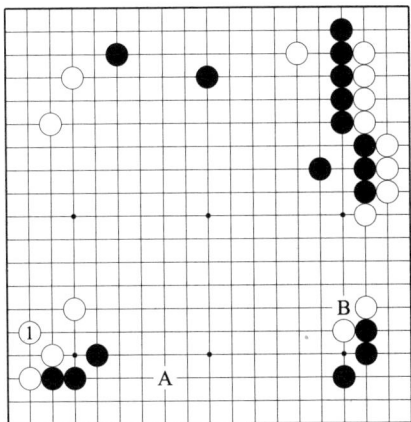

习题11

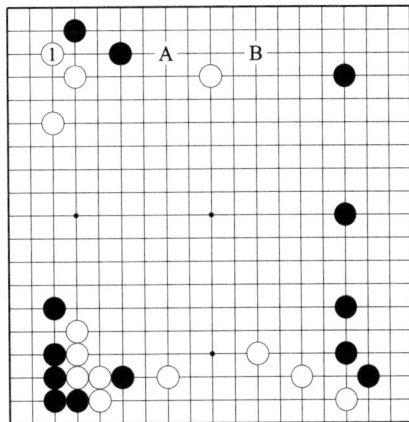

习题12

以下各图均为黑先，请在A和B中选择正确下法。

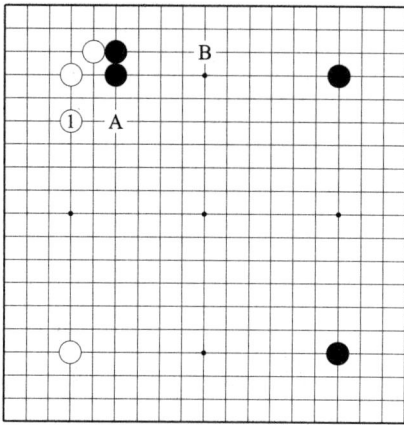

习题13

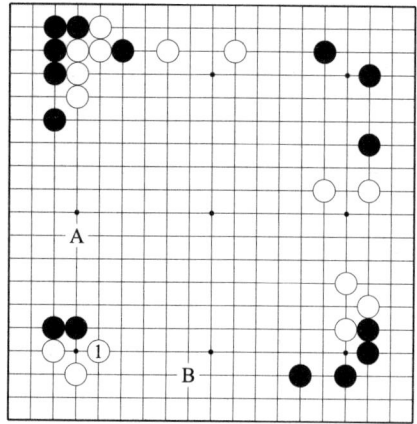

习题14

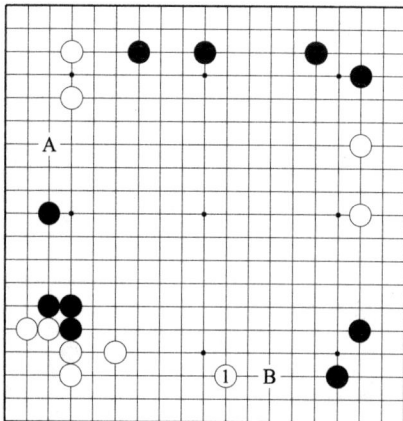

习题15

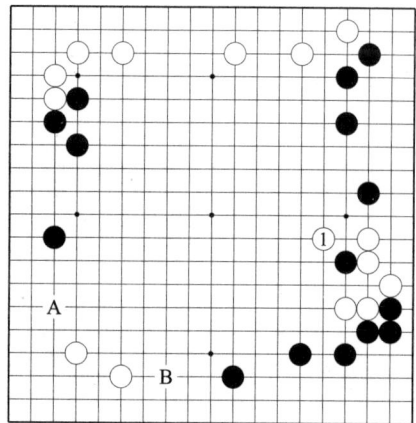

习题16

以下各图均为黑先，请在A和B中选择正确下法。

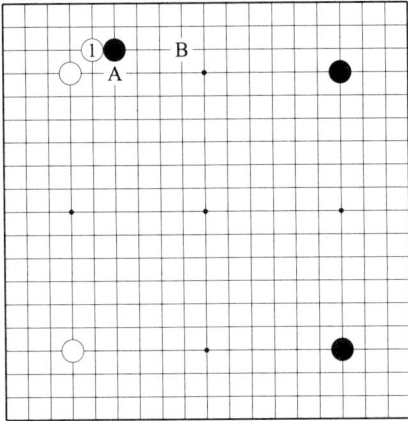

习题17

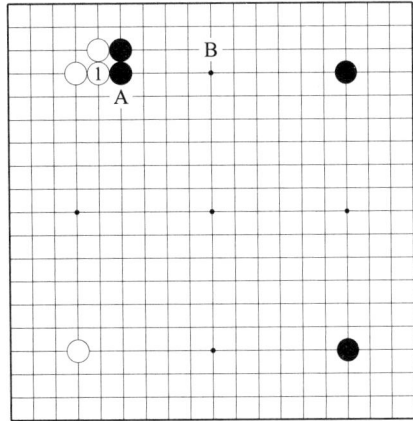

习题18

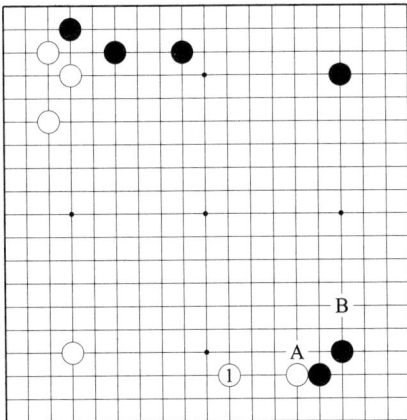

习题19

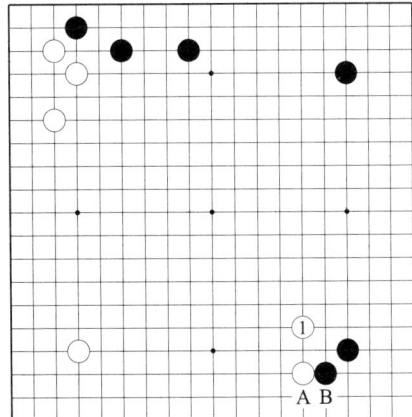

习题20

以下各图均为黑先，请在A和B中选择正确下法。

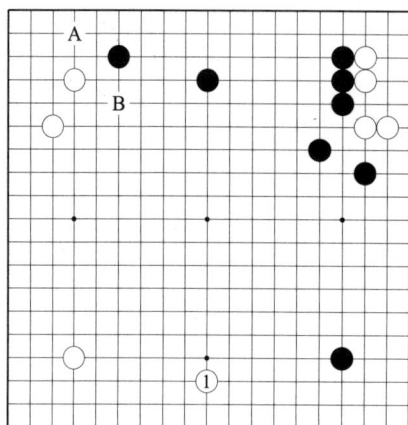

习题21

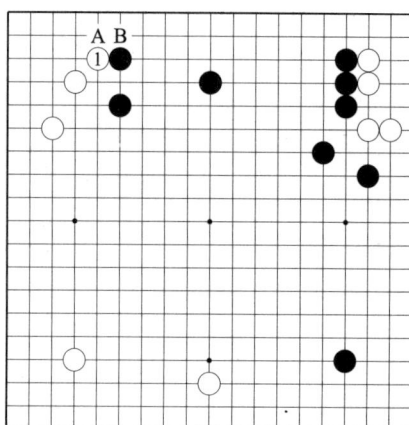

习题22

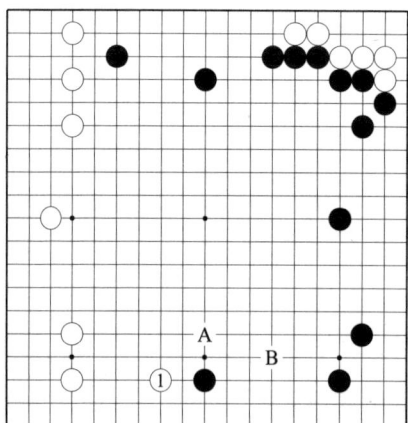

习题23

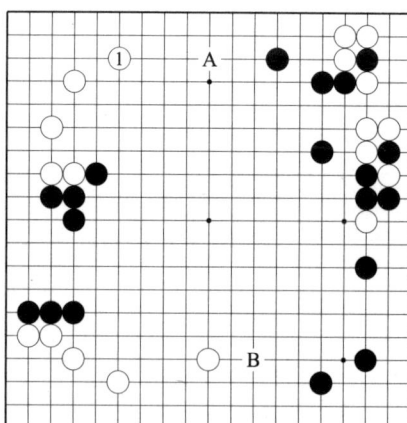

习题24

以下各图均为黑先，请在A和B中选择正确下法。

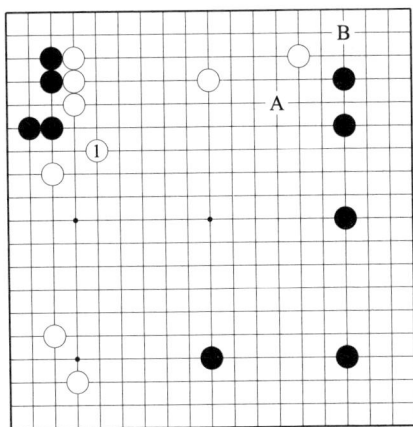

习题25

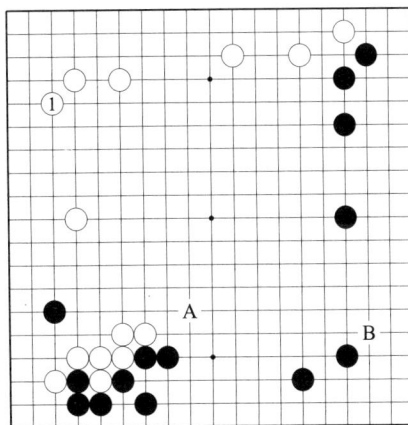

习题26

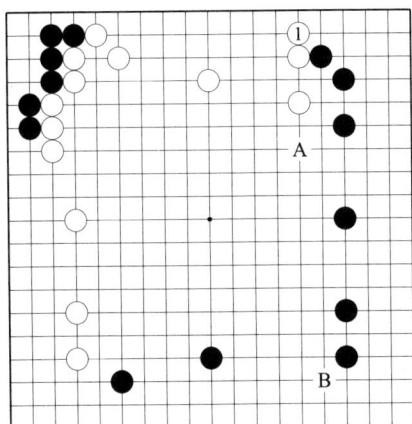

习题27

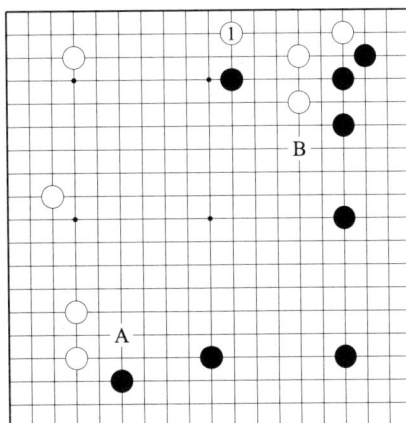

习题28

以下各图均为黑先，请在 A 和 B 中选择正确下法。

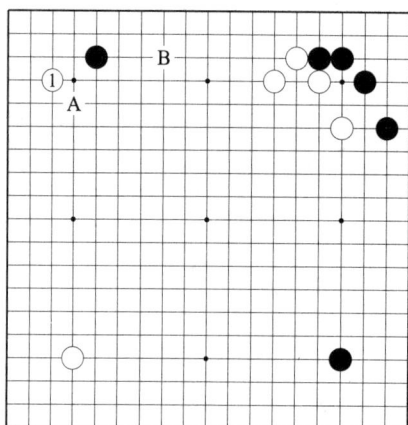

习题 29

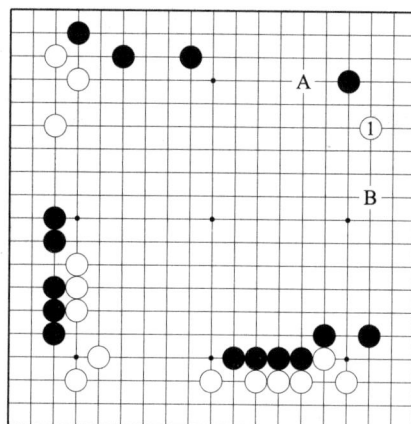

习题 30

练习题解答

习题 1 ~习题 4 解答：B，A，A，A

习题 5 ~习题 8 解答：A，A，A，A

习题 9 ~习题 12 解答：A，A，A，A

习题 13~习题 16 解答：B，A，A，A

习题 17~习题 20 解答：A，A，A，A

习题 21~习题 24 解答：B，B，A，B

习题 25~习题 28 解答：A，A，A，B

习题 29~习题 30 解答：A，B

第6章 定式训练

布局离不开定式，学习和掌握定式非常必要。不过，所谓按定式下互不吃亏，是指局部而言，配合全局则另当别论。熟悉定式固然重要，但拘泥于定式就错了。更要紧的，是从全局出发，妥当地、灵活地选择和运用定式。

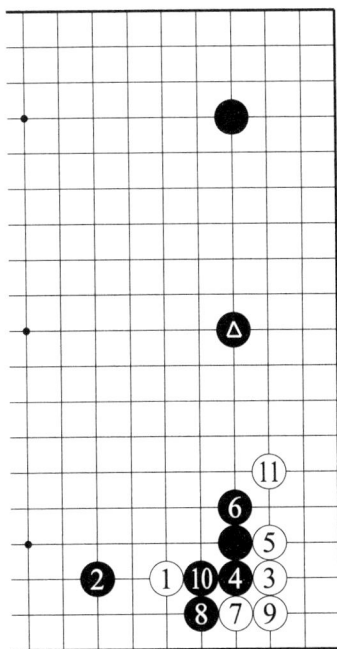

图 1

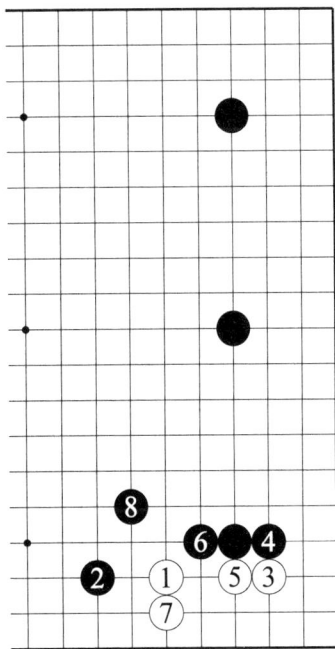

图 2

图1 黑在右边布下了三连星，这是一个希望采取大模样作战的阵势。白1挂时，黑2一间低夹，于是白3来点角，此时黑4挡犯了方向性错误。至白11跳出，黑三连星阵势被打散，黑 ▲ 子的效率不高。

图2 本图黑4挡，才方向正确。至黑8飞封，黑在右边构成了庞大的模样，贯彻了三连星的初衷。上图和本图选择的都是定式下法，效果却大不相同，其原因就在于是否考虑了全局的子力配置。

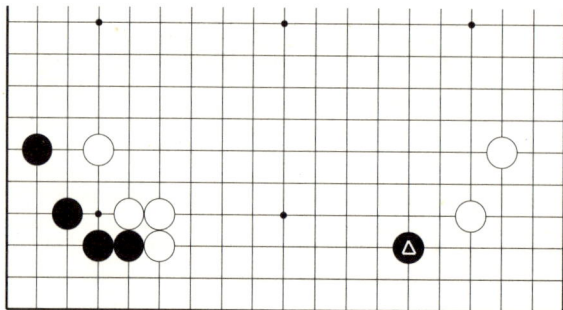

图　3

图3　现在轮黑棋下，在下边这样的配置下，你觉得如何处理黑 ▲ 一子为好呢？

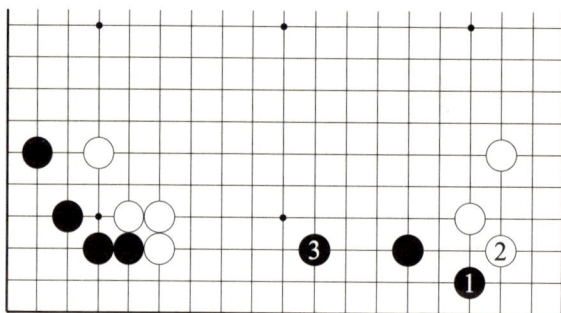

图　4

图4　也许有人一下子就想到了黑1飞，他以为白2也会不动脑筋地守角，于是黑3得以拆二。这样下，黑当然极为理想。

图5　但当黑1飞时，白2会来夹攻，黑的如意算盘就会落空。至白6的结果，白棋放弃了角地，换来的却是上下连成一片的生动局面。

图6　黑1单拆二才是妥善的。白2尖顶，黑3长，虽然黑立二拆二好像被白得利，但从全局来看，黑棋这样下是必要的，也是可以满足的。

图7　黑1拆三企图立二拆三就过于一厢情愿了，被白2打入，左侧白势恰好能发挥作用，黑棋明显不利。

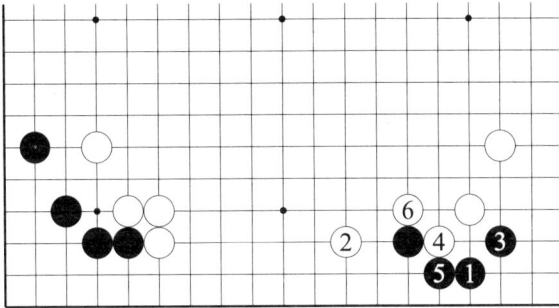

图　5

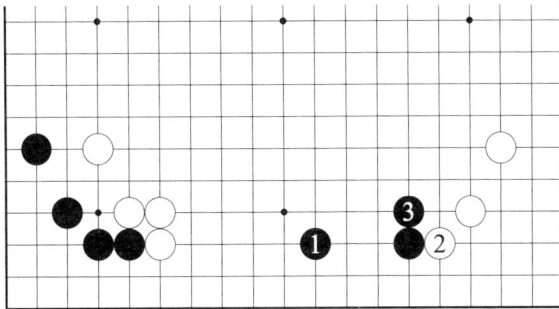

图　6

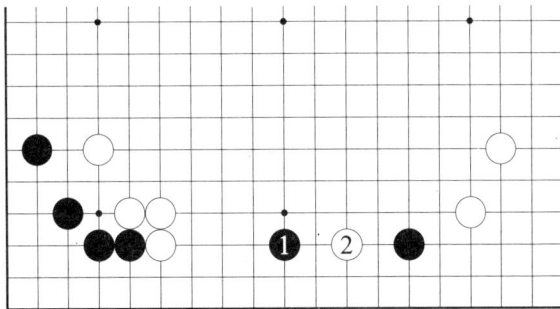

图　7

由此不难看出，根据子力配置来正确选用定式非常重要。而机械地套用定式，不但无益，还往往是有害的。

练习题

以下各图均为黑先，请在A和B中选择正确下法。

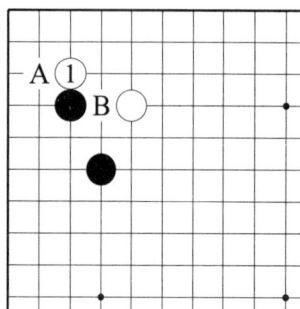

习题1

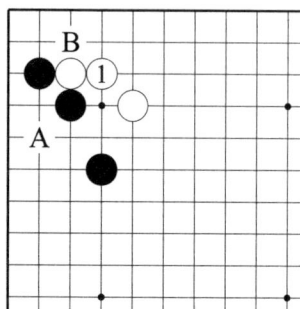

习题2

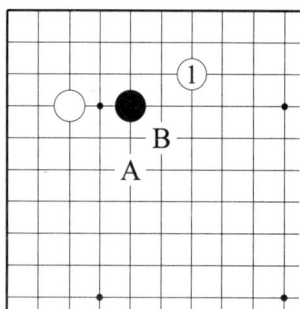

习题3

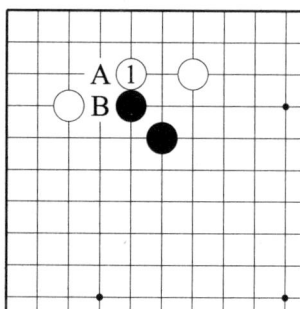

习题4

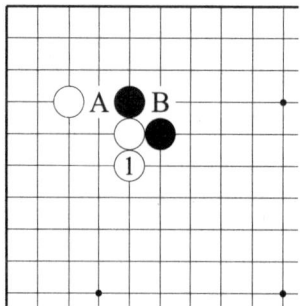

习题5

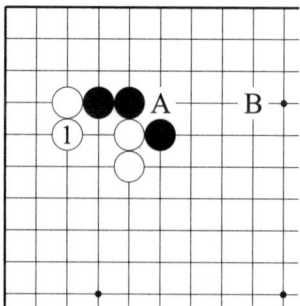

习题6

以下各图均为黑先，请在A和B中选择正确下法。

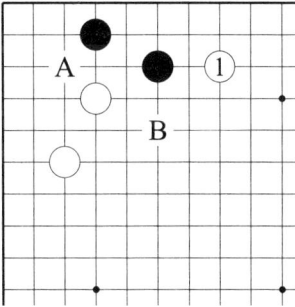

习题7

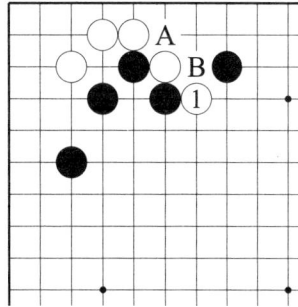

习题8

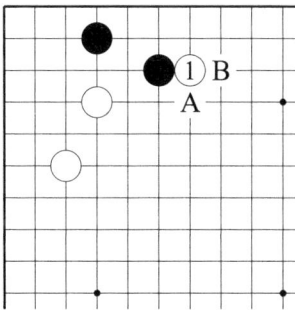

习题9

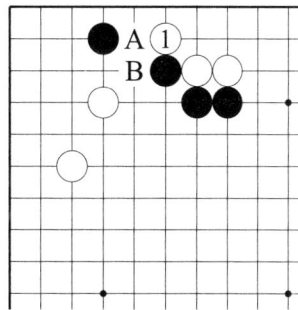

习题10

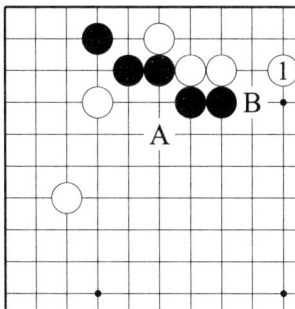

习题11

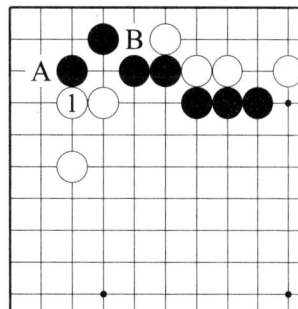

习题12

以下各图均为黑先，请在A和B中选择正确下法。

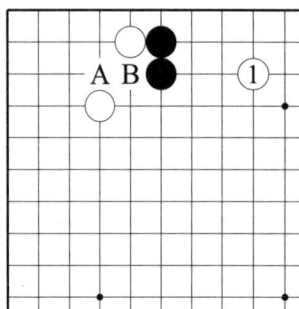

习题13

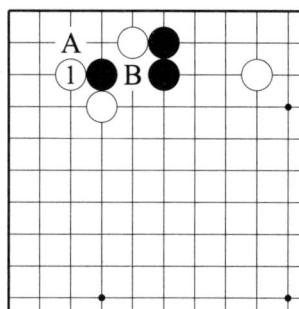

习题14

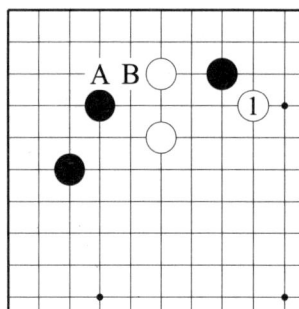

习题15

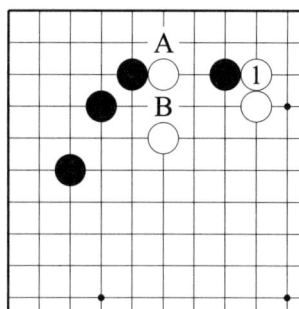

习题16

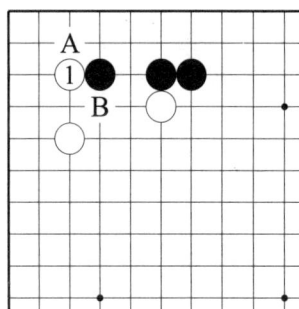

习题17

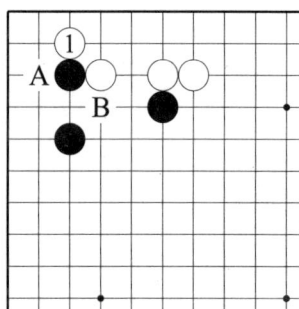

习题18

以下各图均为黑先，请在A和B中选择正确下法。

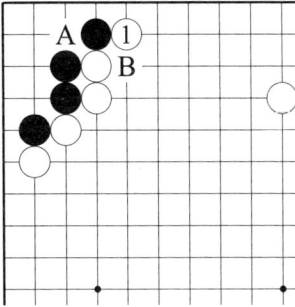

习题19

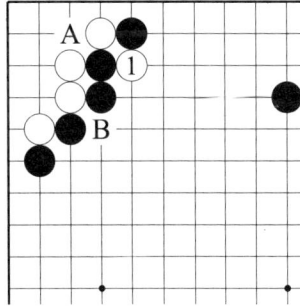

习题20

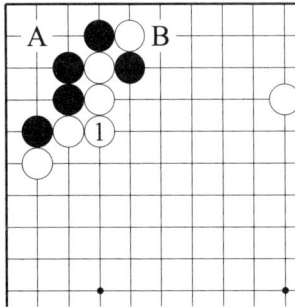

习题21

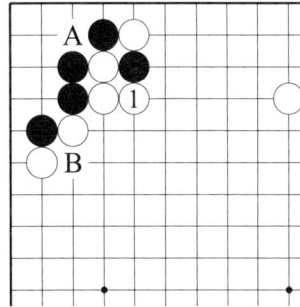

习题22

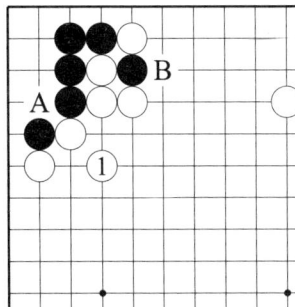

习题23

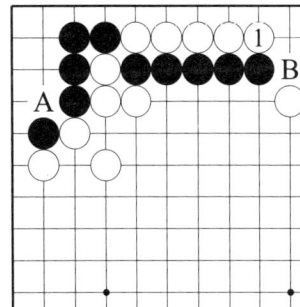

习题24

以下各图均为黑先，请在A和B中选择正确下法。

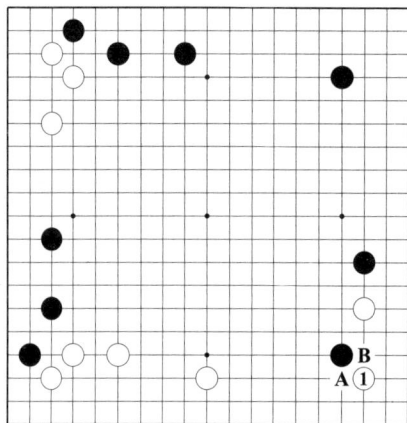

习题25

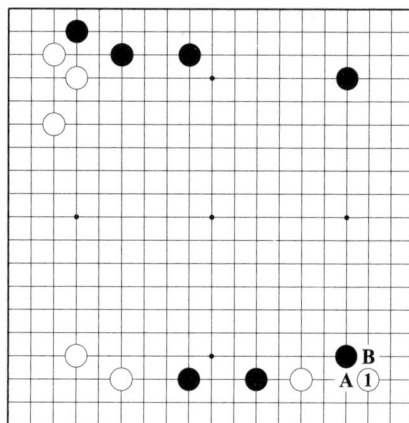

习题26

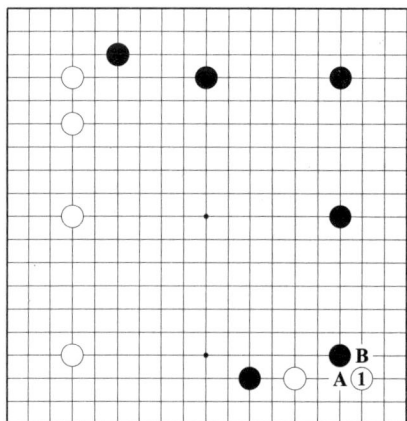

习题27

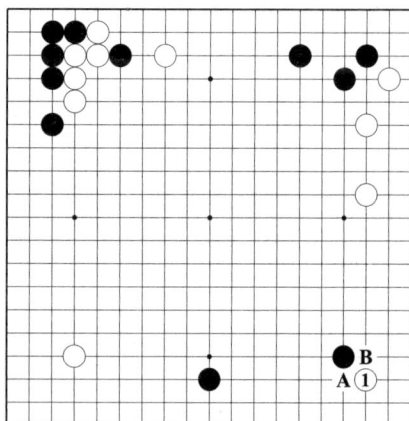

习题28

以下各图均为黑先，请在A和B中选择正确下法。

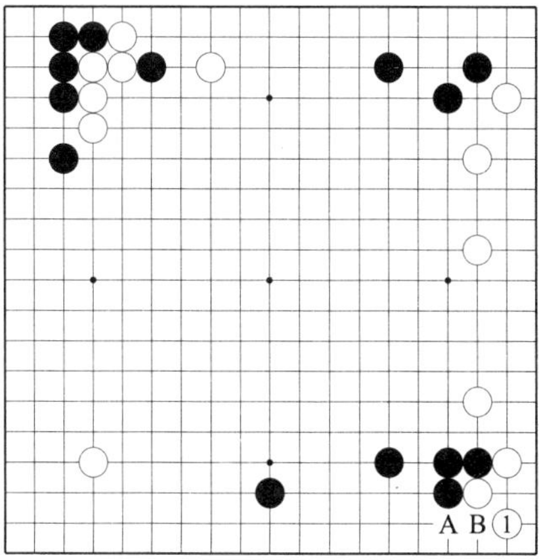

习题29

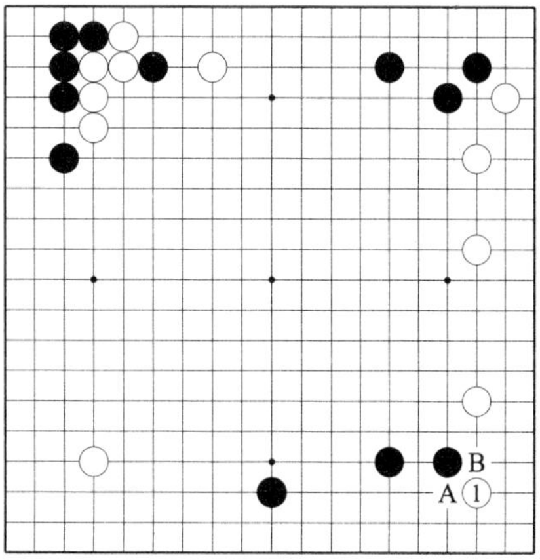

习题30

练习题解答

习题1 ~习题 6 解答：A，A，B，A，A，B

习题7 ~习题12解答：A，B，A，B，B，B

习题13~习题18解答：A，B，B，A，A，B

习题19~习题24解答：B，B，B，A，B，B

习题25~习题30解答：B，A，B，A，B，B

第7章　杀气训练

在实战中，杀气的状况往往比较复杂，就气的名称来说，也有外气、内气和公气的区别。

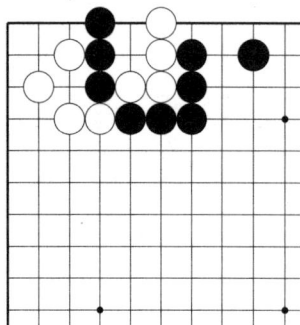

图　1

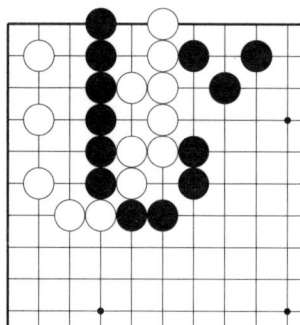

图　2

图1　黑三子有两口外气，白四子有一口外气，双方的公气是两口。在双方都没有眼的情况下，至少要有两口公气才有可能双活。本图能否双活取决于该谁下。

图2　黑六子外气六口，白八子外气四口，公气三口。双方外气相减，等于黑净有两口外气。然后再算公气，便很容易得出本图杀气的答案。

凡遇既有外气又有公气的情况，紧气时必须先紧外气。当一方有眼一方无眼时，则不存在公气的问题，那时也不可能双活。

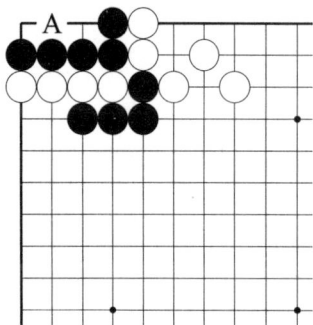

图　3

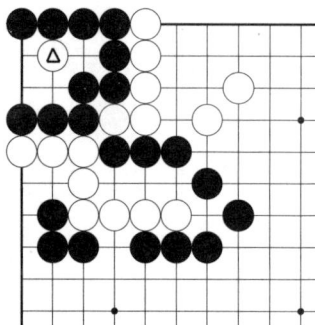

图　4

图3　白四子有两口气，即便黑角上这块棋一口外气也没有，黑也不必在A位补活就能杀白，因为黑眼里有气，眼里的气叫内气。现在黑眼是直三，直三有三口内气，黑气比白气长，故黑不需要补活。

对于什么样的眼，里边有多少气，平时就必须记熟，真到杀气时便不必临时去计算。有一个内气口诀，应该把它背下来：直三、曲三是三气，方四、丁四是五气，刀五、花五是八气，葡萄六是十二气。

图4　但实战中杀气时，如本图黑以刀五的一块棋与白杀气时，很少有△位没有白子的情况。倘若此点无白子，黑占据此位，黑棋就活了，也就谈不上杀气了。此时黑刀五的内气，就须从口诀中的八口，改为实战中的七口。也就是说，对方在你的眼里点进了几个子，你就要相应减去几口内气。假若本图时你死记口诀，误以为刀五在什么情况下都是八口气，而当数出白棋只有七口气时便置之不理，一旦白棋先紧气你就来不及了。

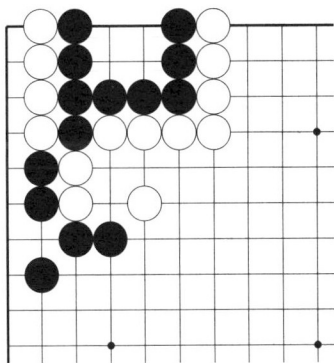

图　5

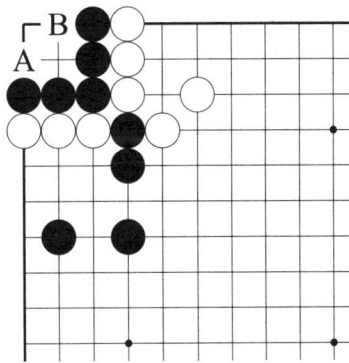

图　6

图5　惟有方四例外，在方四中即使黑先下子也无法补活，故白无必要点眼。所以实战中方四的内气，往往仍然是口诀中的五口。本图轮黑下子时尽可他投，就算白先收气，白四口气也杀不过黑五口气。

图6　但盘角上的内气有其特殊性。如盘角上的方四，其内气便由五口减为了三口。白第一子放A位，第二子放B位就成了叫吃。别看白三子只有三口气，黑想杀白的话，必须马上紧气。

练习题

以下各图均为黑先，请在 A 和 B 中选择正确下法。

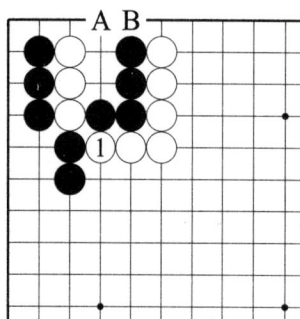

习题 1

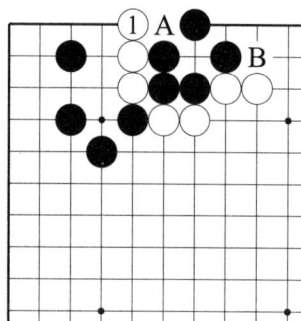

习题 2

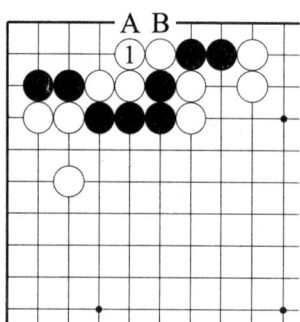

习题 3

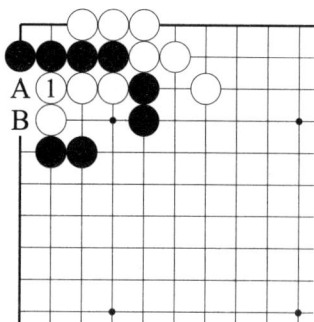

习题 4

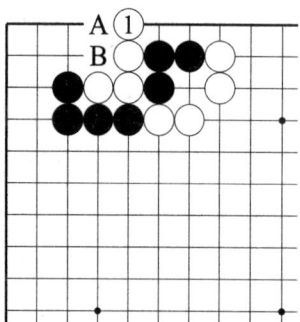

习题 5

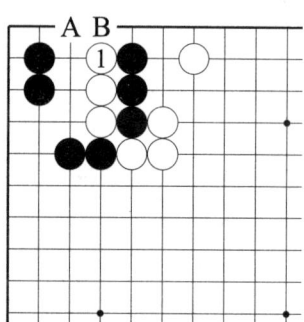

习题 6

以下各图均为黑先，请在A和B中选择正确下法。

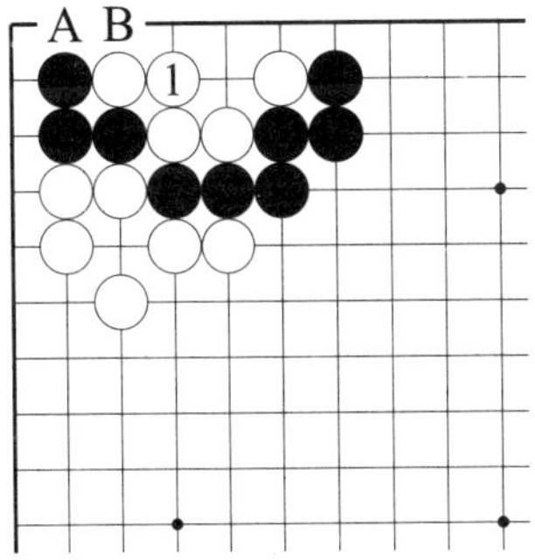

习题7

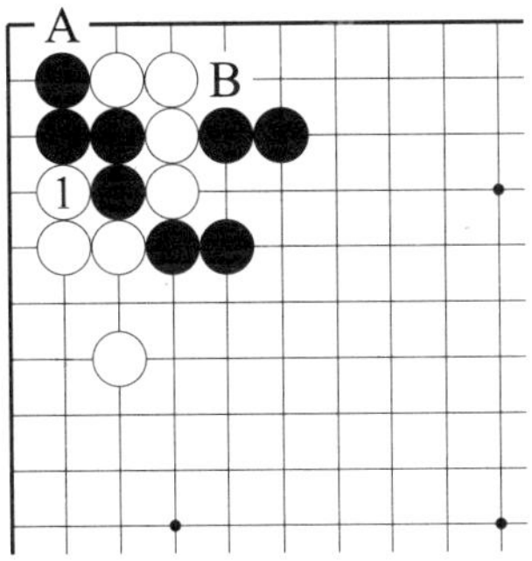

习题8

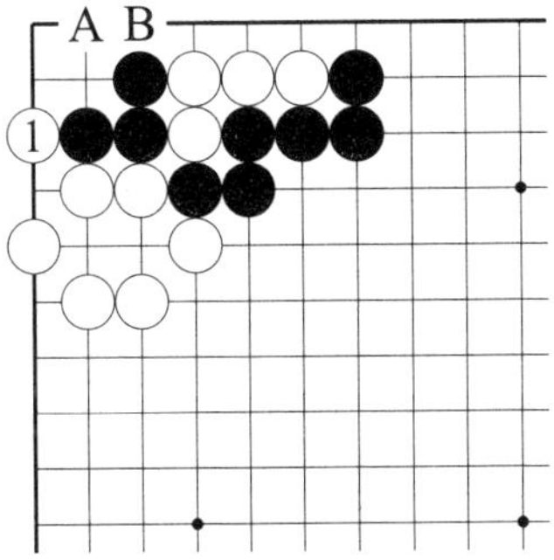

习题9

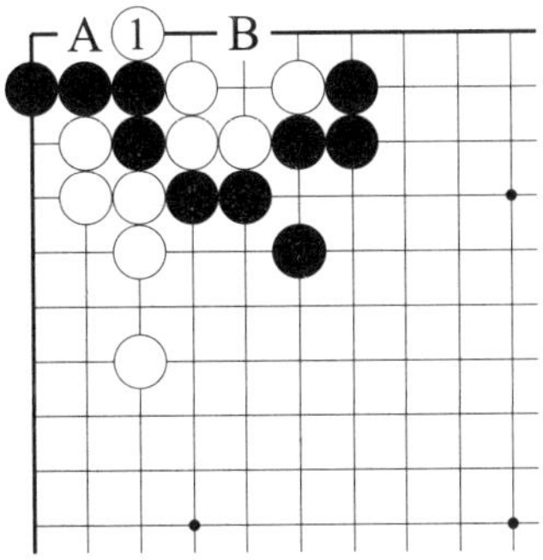

习题10

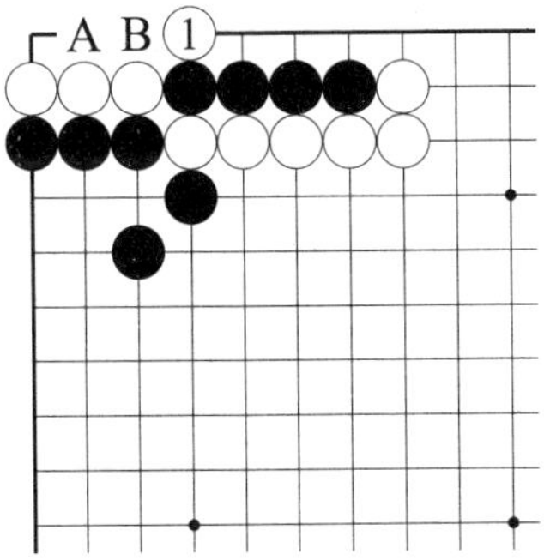

习题11

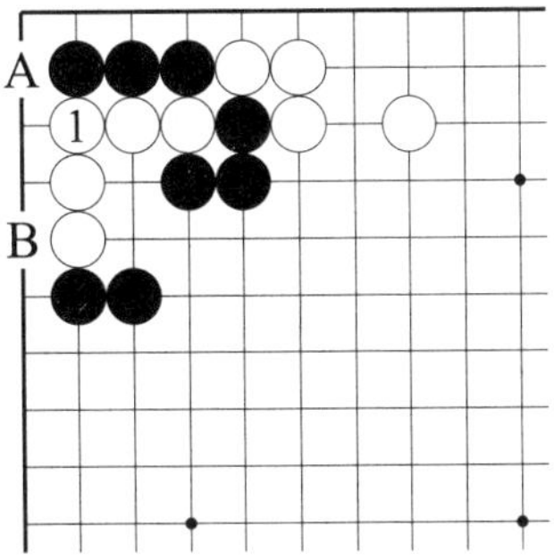

习题12

以下各图均为黑先，请在A和B中选择正确下法。

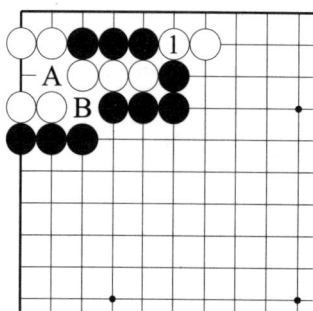

习题13

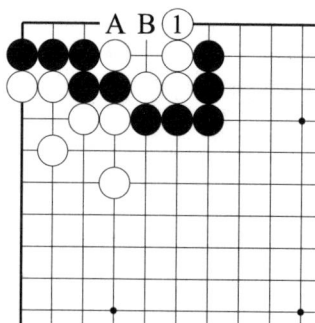

习题14

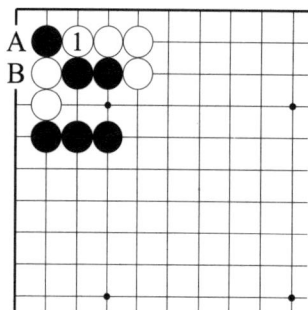

习题15

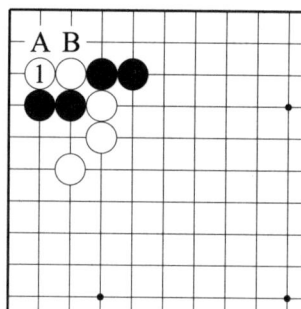

习题16

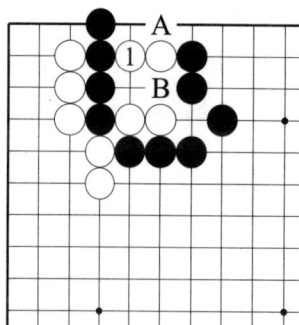

习题17

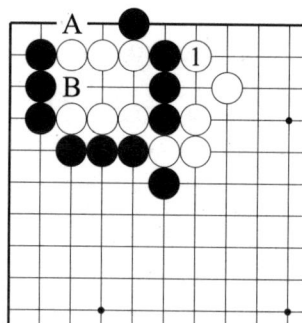

习题18

以下各图均为黑先，请在A和B中选择正确下法。

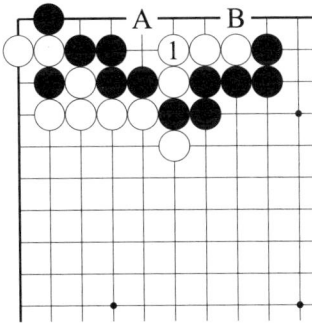

习题19

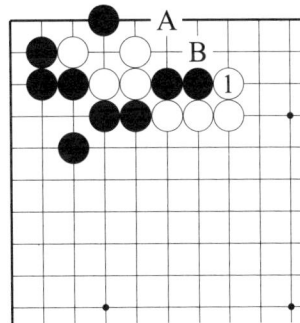

习题20

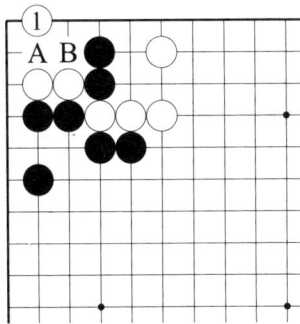

习题21

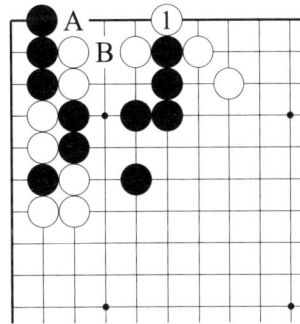

习题22

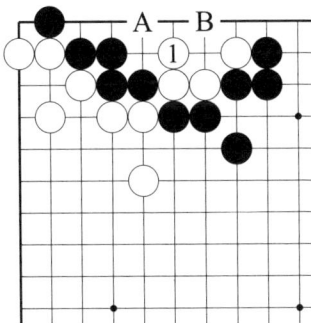

习题23

习题24

以下各图均为黑先，请在A和B中选择正确下法。

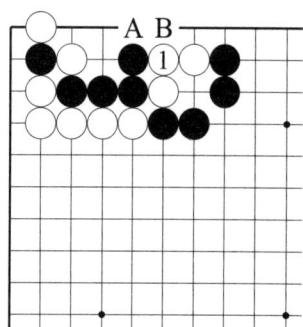

习题25

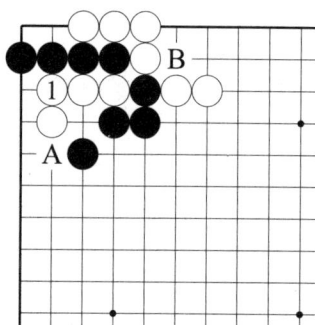

习题26

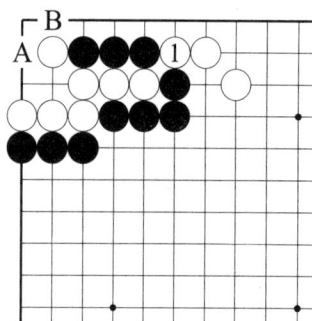

习题27

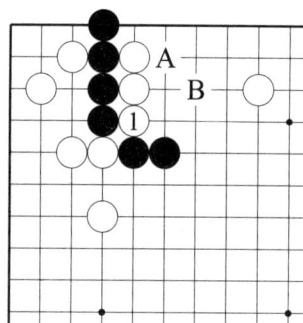

习题28

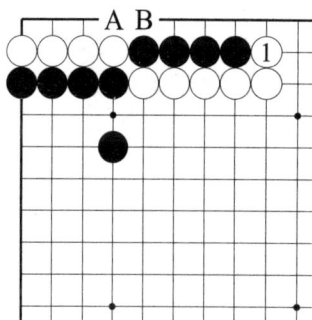

习题29

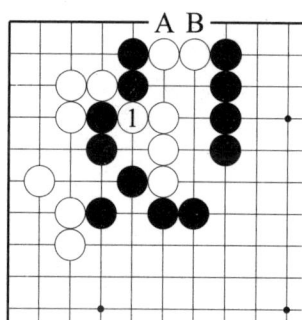

习题30

以下各图均为黑先，黑能在对杀中取胜吗？

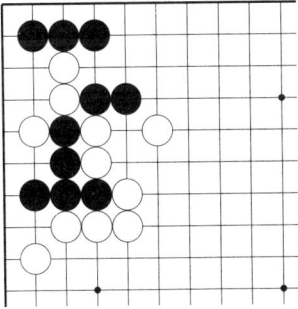

习题31

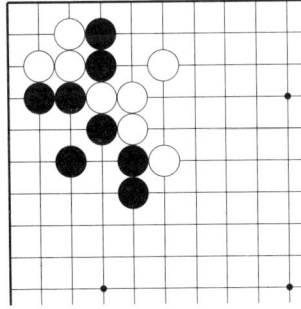

习题32

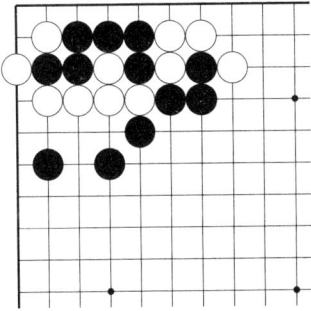

习题33

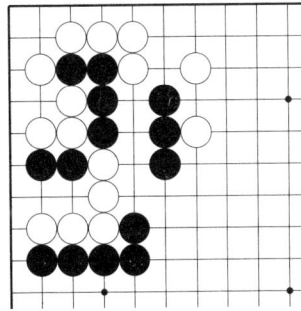

习题34

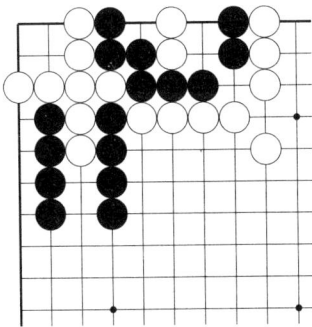

习题35

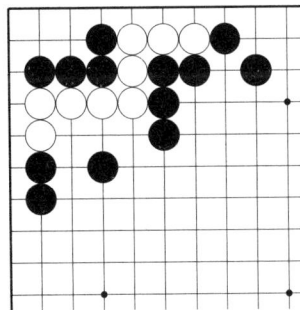

习题36

练习题解答

习题1～习题6解答：A，A，B，B，A，B

习题7～习题12解答：A，A，A，B，A，A

习题13～习题18解答：A，B，A，A，A，A

习题19～习题24解答：A，A，A，B，A，B

习题25～习题30解答：A，B，A，A，B，B

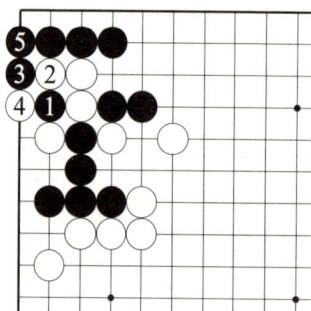

习题31解答

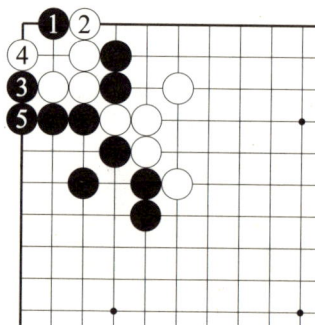

习题32解答（正解）

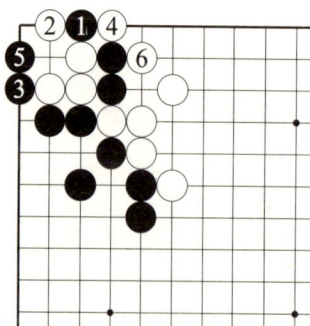

习题32解答（失败1）

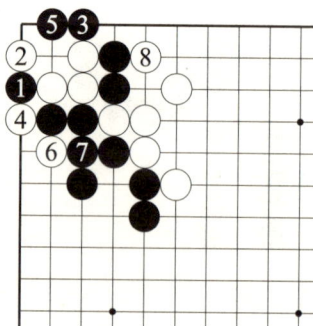

习题32解答（失败2）

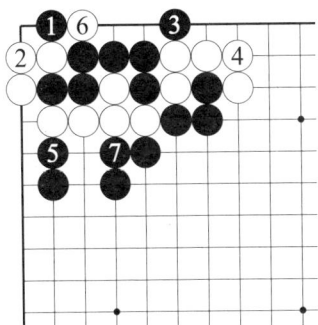

习题33解答

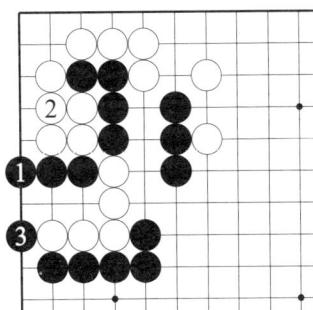

习题34解答（正解）

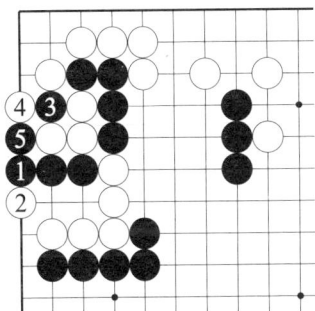

习题34解答（参考1）

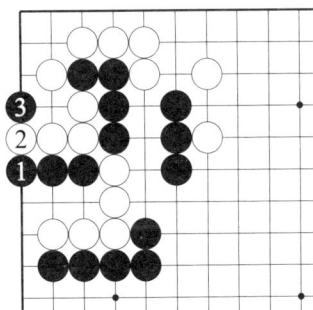

习题34解答（参考2）

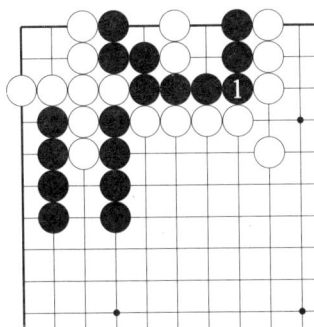

习题35解答

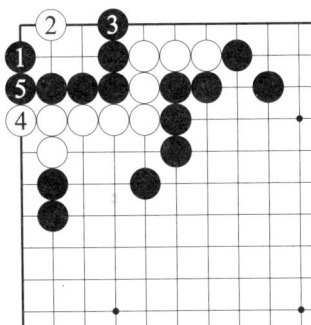

习题36解答

第8章 打劫训练

布局之初，当盘上棋子不多时，如果出现了一个劫，由于双方都缺少甚至没有劫材，这个劫就打不起来，这种状况叫"初棋无劫"。

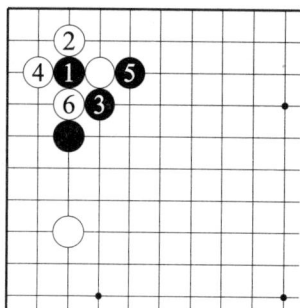

图　1

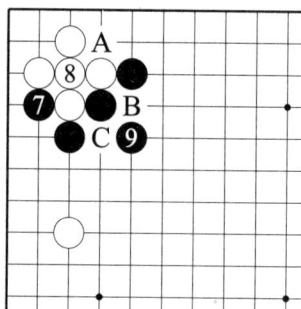

图．2

图1　这是序盘时经常出现的一个棋形。黑1托至白6提，很多棋手都愿意这样下。

图2　这时黑7打，白8粘，于是黑9虎，黑取势，白收利，局面两分。黑7视情况也可能改在A位打，不管黑棋从哪面打，反正白8总是粘。白8之所以粘上而不下B位或C位开动，其道理很简单，那就是因为序盘之初无劫材可言。

随着局势的发展，盘面上出现了越来越多的劫材，这时劫就会无处不在。有可能运用劫来做活，有可能运用劫来杀棋，还可能运用劫寻求渡过，甚至运用劫占得官子便宜。

图3　黑1至黑5劫活，是正确的选择。黑3或黑5只要在A位粘，被白B位一扳，黑棋就净死了。当不能净活时，就要争取劫活。而且对这个劫，双方都没有退缩的余地。倘若白在C位接，黑在D位扳接后，黑角就净活了。故而，在这里必然会产生劫争。

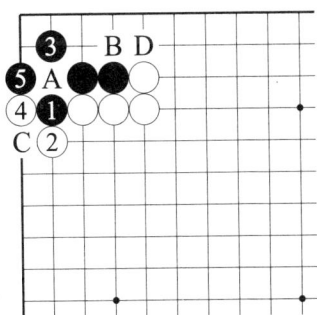

图 3

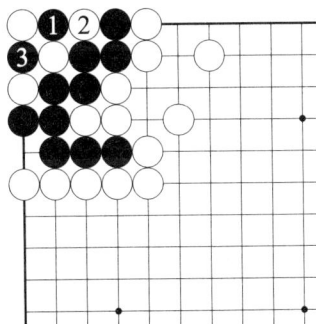

图 4

图4 黑1扑进去，白2提一个劫，黑3则提另一个劫。像这样的可来回提的两个劫称摇橹劫，总是一人能提到一个劫。黑有意制造出一个摇橹劫，避免了劫活的情况。摇橹劫活相当于净活。

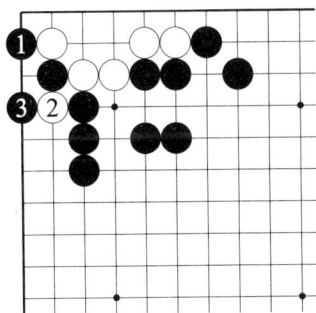

图 5

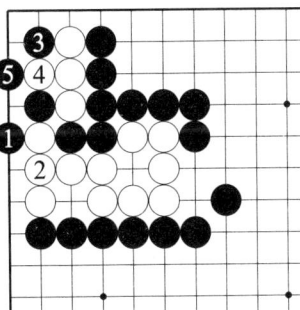

图 6

图5 黑1扳进去，白2打吃时，黑3顽强做劫。这个劫黑打输了，损失有限；若打赢了，则能吃掉白整块棋。黑1若改在2位粘，那么白在1位立，白棋就净活了。现在黑制造出一个劫，利用劫来杀棋。倘若实战中你执白，对黑的这种劫杀手段不得不防。

图6 这是又一个黑运用劫杀的例子。黑以一个无忧劫来与白打生死劫，心情当然快活。倘若在实战中，你果真找到了像本图这样的好机会，这盘棋八成就快赢下来了。

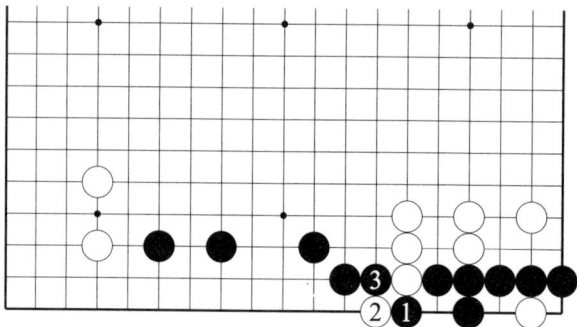

图　7

　　图7　黑角已做不活，唯一的生路是与外面的黑棋取得联络。黑1时，白2打住，黑3则断打，利用打劫试图连通，这叫劫渡。黑棋寻求劫渡，也是无奈之举。

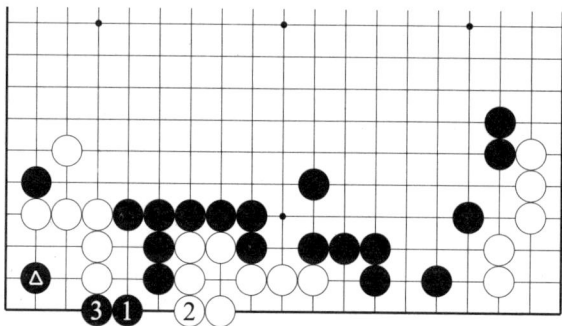

图　8

　　图8　这是以打劫相要挟，实现削减敌空的目的。当然，此处的手段一般要到收官阶段运用。黑1尖，准备2位扑劫，白不敢拿一块棋开玩笑，白2只得自补。于是黑3钻入白阵，黑❹一子由死变活。

　　劫争时，劫材的数量和质量都非常重要。数量，自然指劫材的多少；质量，就是劫材相对于劫的价值大小。劫的胜负，取决于双方劫材的多少。虽然劫材多的一方能够劫胜，但总免不了让对方连走两手，无论如何也总会付出一定的代价。

练习题

以下各图均为黑先，请在A和B中选择正确下法。

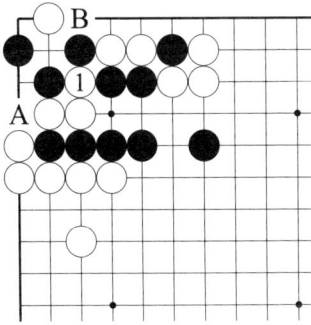

习题1

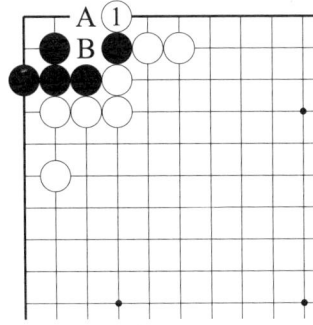

习题2

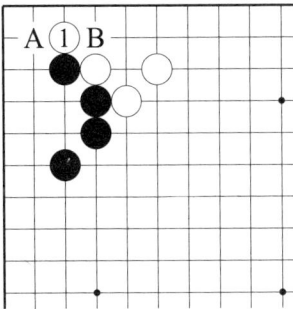

习题3

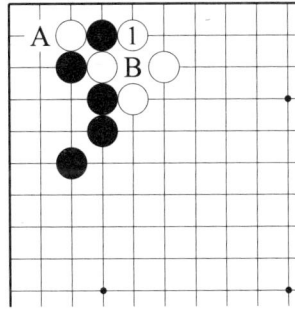

习题4

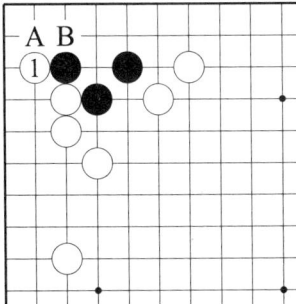

习题5

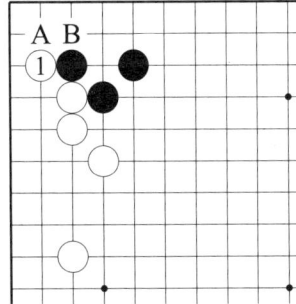

习题6

以下各图均为黑先，请在A和B中选择正确下法。

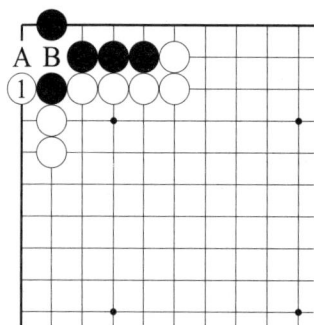

习题7

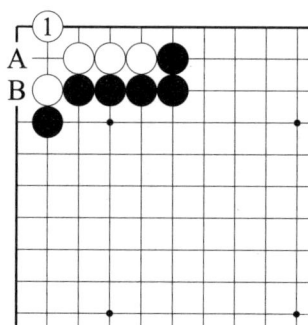

习题8

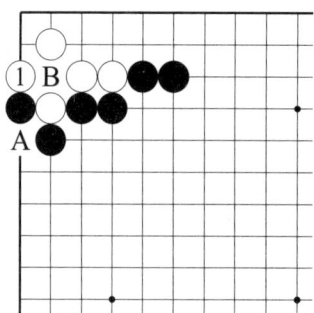

习题9

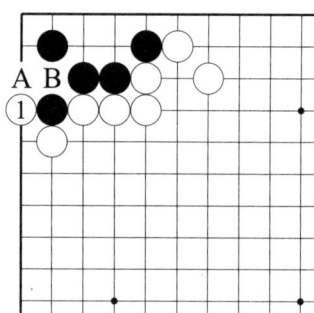

习题10

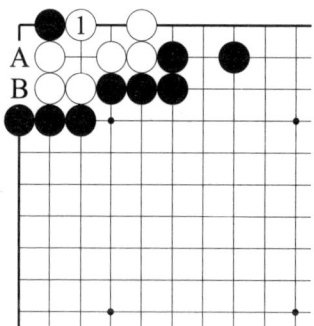

习题11

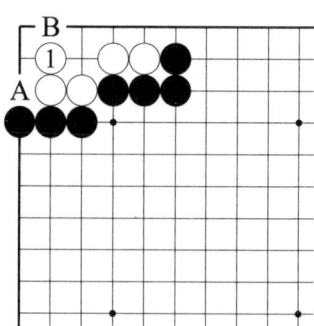

习题12

以下各图均为黑先，请在A和B中选择正确下法。

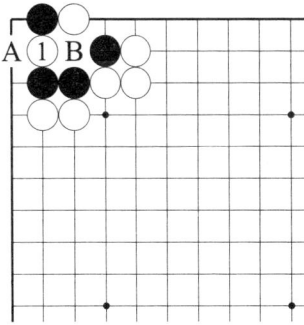

习题13

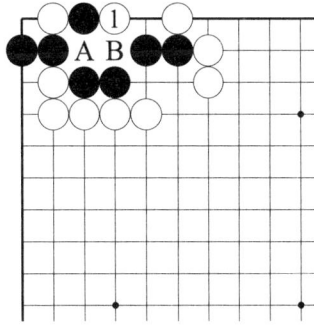

习题14

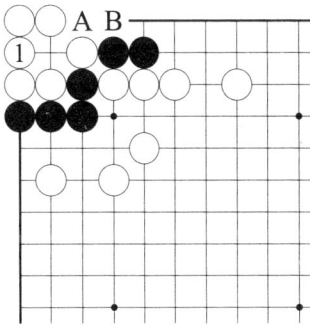

习题15

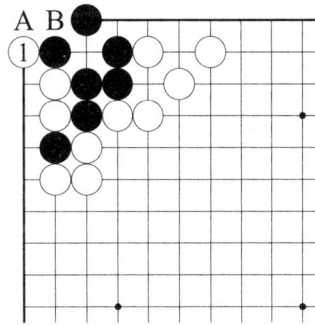

习题 16

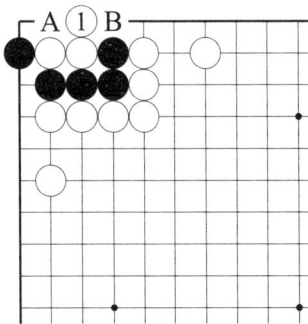

习题17

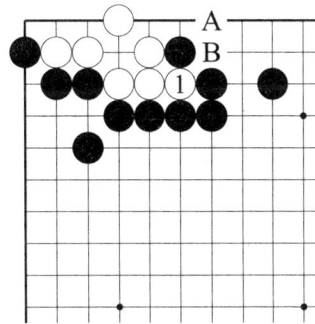

习题18

以下各图均为黑先，请在A和B中选择正确下法。

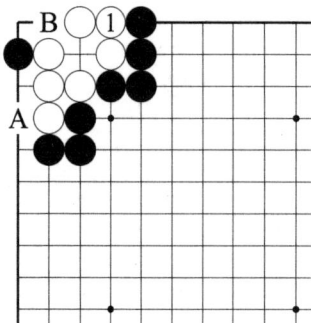

习题19

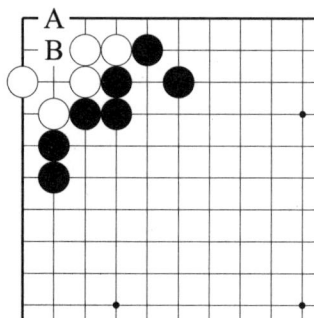

习题20

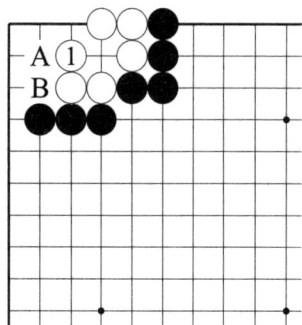

习题21

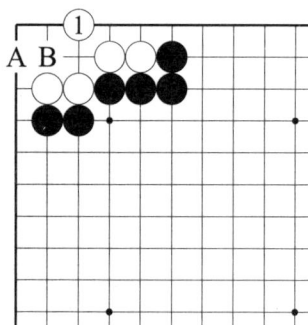

习题22

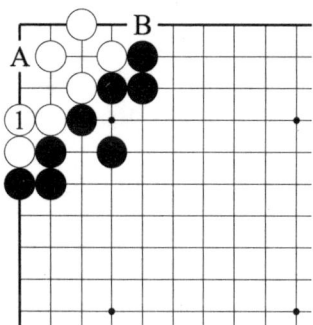

习题23

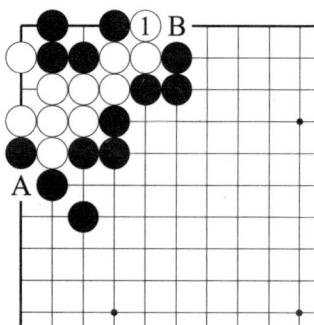

习题24

以下各图均为黑先，黑有做活和杀棋的手段吗？

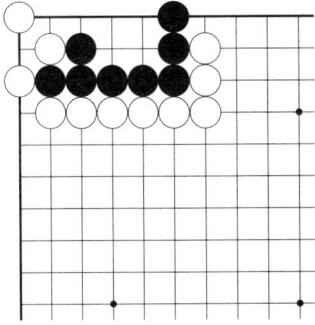

习题25

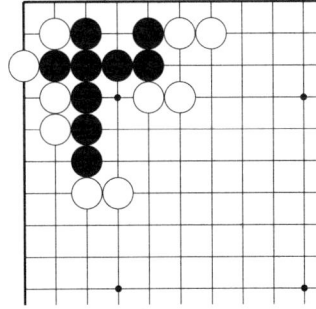

习题26

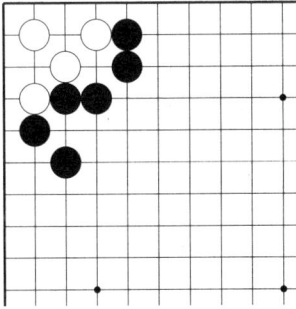

习题27

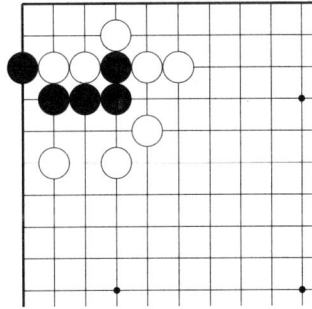

习题28

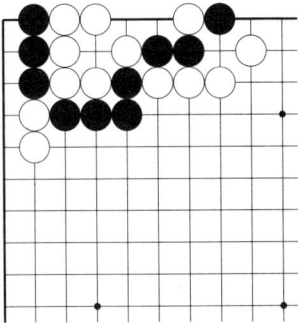

习题29

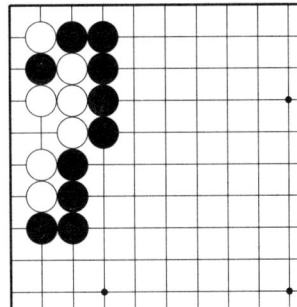

习题30

练习题解答

习题1 ~习题 6 解答：A，A，B，B，A，B

习题7 ~习题12 解答：A，B，B，A，A，B

习题13~习题18解答：A，B，A，A，A，A

习题19~习题24解答：B，A，A，A，A，A

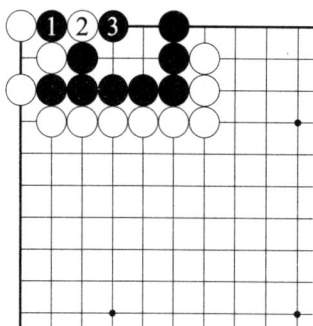

习题25解答

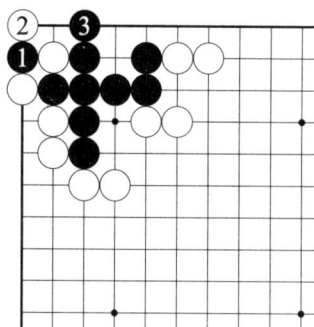

习题26解答

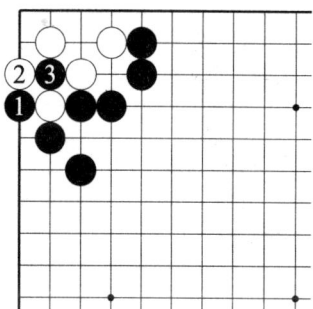

习题27解答（正解）

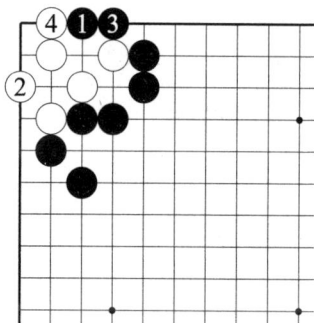

习题27解答（失败）

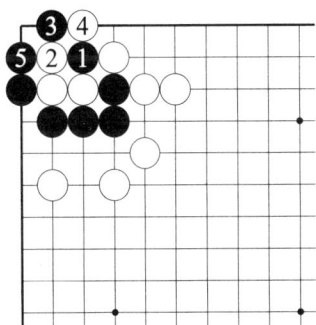

习题28解答

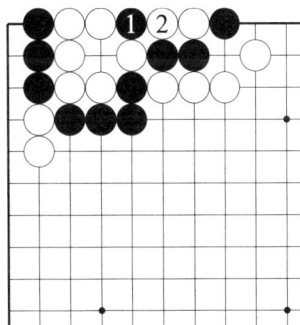

习题29解答（正解）

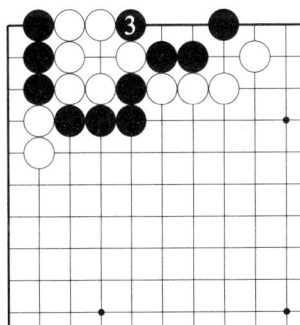

习题29解答（续正解1）

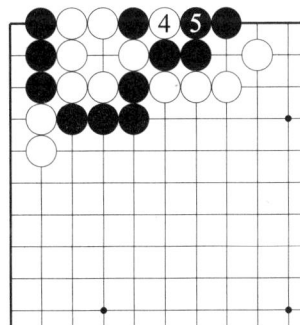

习题29解答（续正解2）

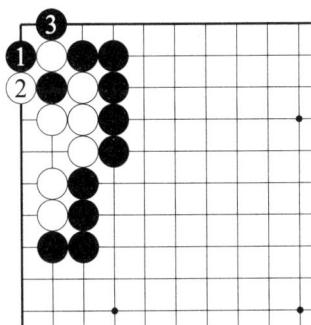

习题30解答（正解）

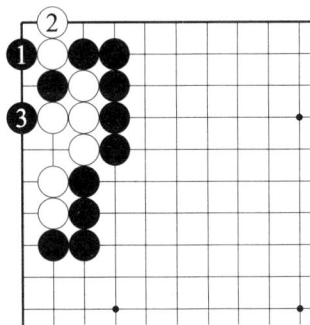

习题30解答（参考）

第9章　手筋训练

　　围棋中的一着棋，又可称为一手棋。在一手一手棋之中，最为紧要的一手或几手棋，其既巧妙又出人意料，而且足以获得满意的效果，可称之为手筋。要用最简洁的语言解释，手筋就是巧妙的手段。

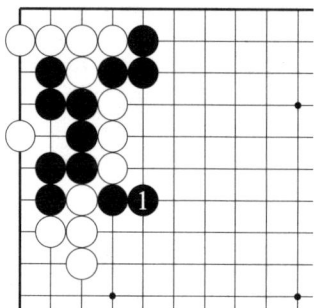

图　1

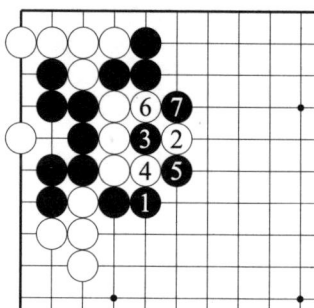

图　2

　　图1　黑1长可谓最简单的吃子手筋，一下子把白三子关住。

　　图2　白2跳试图逃跑，黑3挖进去，以下至黑7，白接不归。这种形状叫"乌龟不出头"。

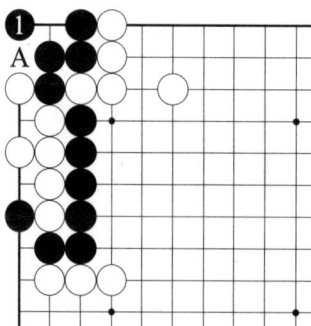

图　3

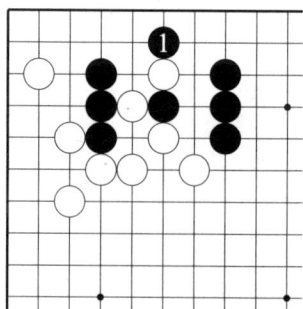

图　4

　　图3　黑1圆眼可谓最简单的杀气手筋，若改下A位则成打劫。

　　图4　黑1托可谓最简单的联络手筋，令左右黑棋连为一体。

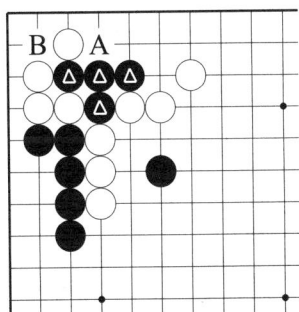

图 5

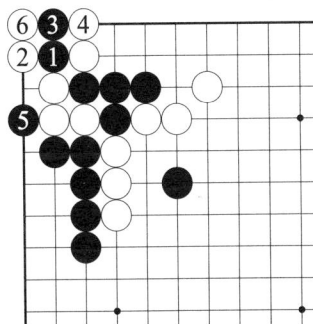

图 6

图5 本图黑需应用的手筋叫"大头鬼"。黑先，能把四个 ⬤ 子救出来吗？你别考虑下A位，因为白B接后，黑气肯定不够。

图6 黑1断，抓住了要害，以下至白6必然。

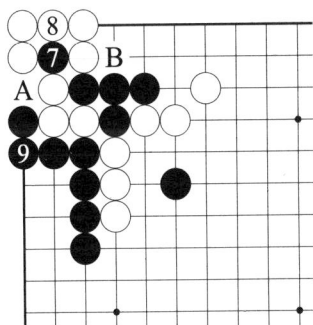

图 7

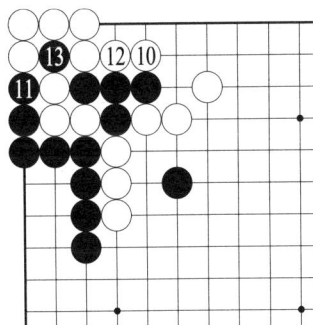

图 8

图7 接着黑7扑一下，白8只能提。现在黑9接，准备A位伸进去打吃白三子。白棋能在A位团住吗？当然不能。那样的话，黑下B位紧气，角上的白子就被吃光了。

图8 于是，白10只得如此，黑13得以提白三子。

手筋的作用在于击中要害。发现并使用手筋，也有一个从易到难的过程。这就需要我们在实践中进行长期不懈的努力，争取早日具备非凡的感觉和周密的计算能力。

练习题

以下各图均为黑先，请在A和B中选择正确下法。

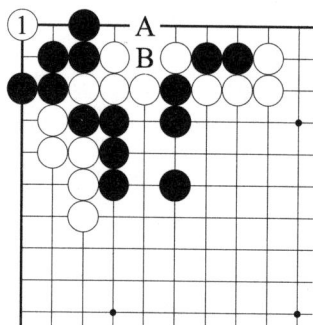

习题1

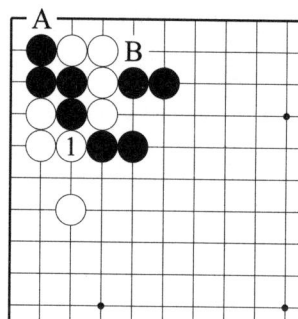

习题2

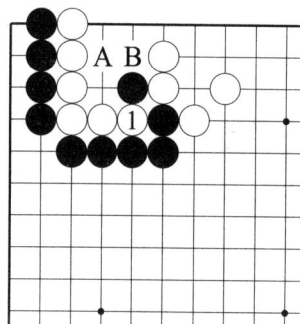

习题3

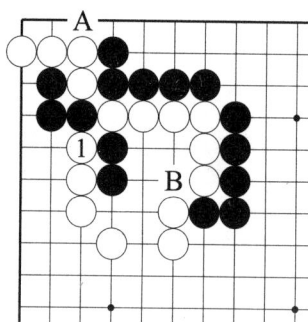

习题4

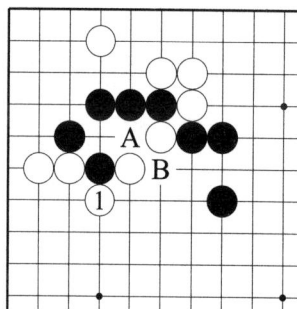

习题5

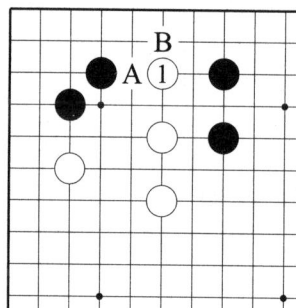

习题6

以下各图均为黑先，请在A和B中选择正确下法。

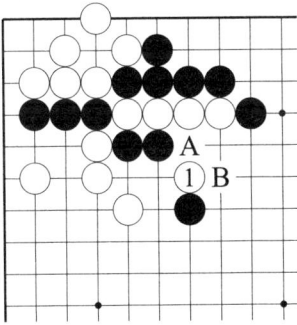

习题7

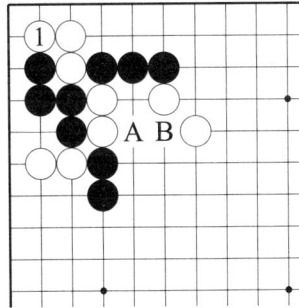

习题8

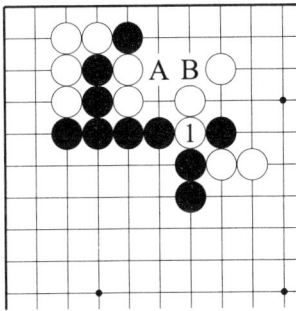

习题9

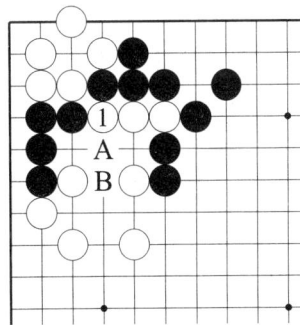

习题10

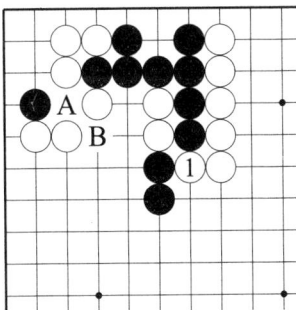

习题11

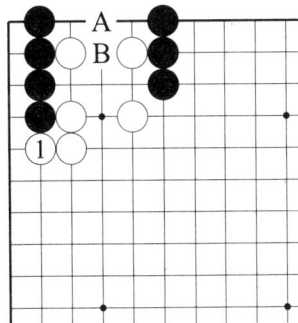

习题12

以下各图均为黑先，请在A和B中选择正确下法。

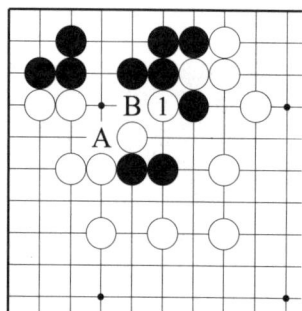

习题13

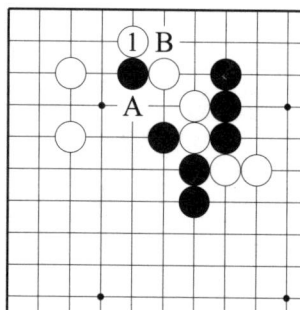

习题14

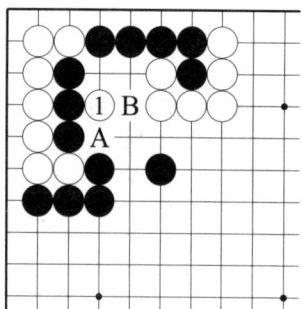

习题15

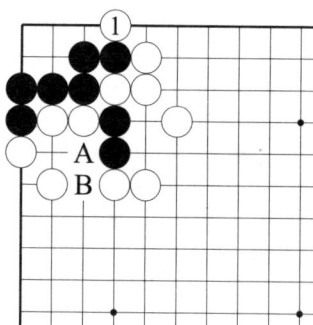

习题16

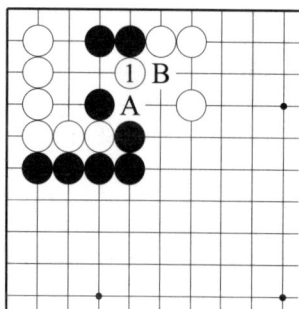

习题17

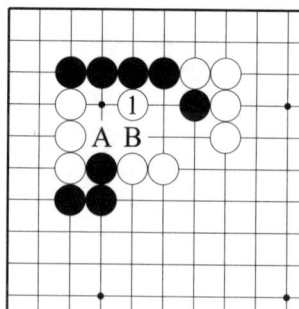

习题18

以下各图均为黑先，请在 A 和 B 中选择正确下法。

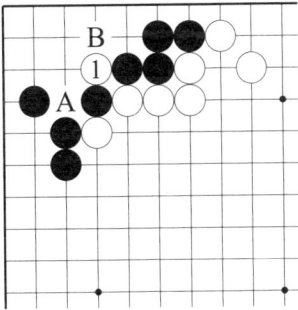

习题19

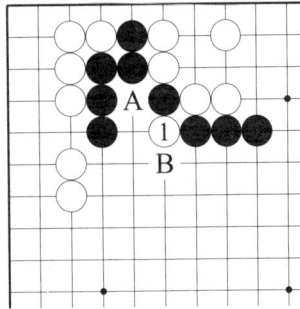

习题20

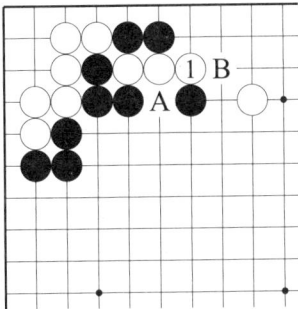

习题21

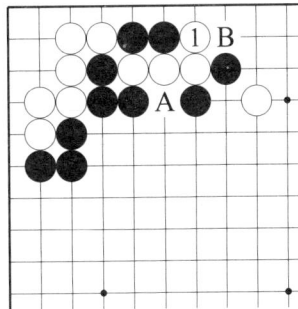

习题22

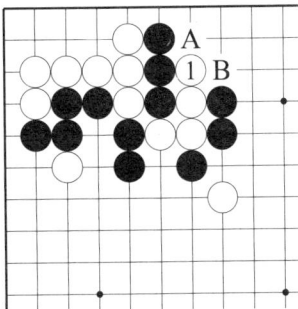

习题23

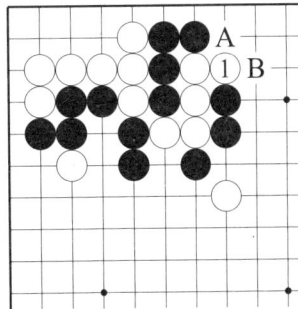

习题24

以下各图均为黑先，请在A和B中选择正确下法。

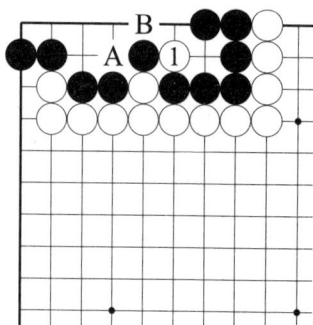

习题25

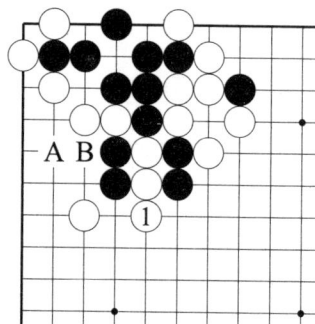

习题26

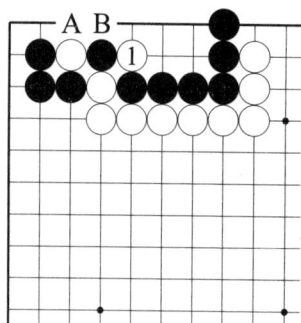

习题27

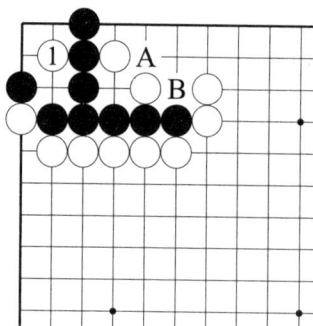

习题28

练习题解答

习题1 ~习题 6 解答：B，A，A，B，B，B

习题7 ~习题12 解答：B，B，B，B，B，B

习题13~习题18 解答：A，B，B，B，B，B

习题19~习题24 解答：B，B，B，B，A，B

习题25~习题28 解答：B，A，B，A

第10章 攻击与防守训练

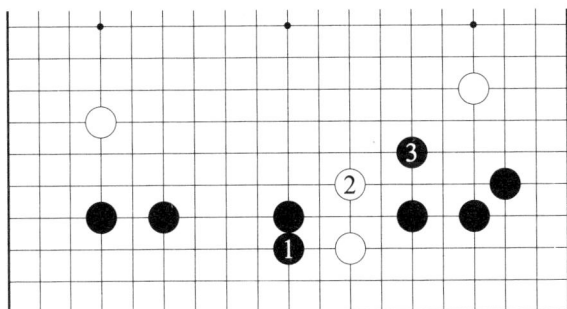

图1

图1　在进攻时不要忘记防守。白棋来打入时，黑1先坚实地守，就是攻不忘守的好例子。待白2外逃时，黑3再关起，黑能在攻击中获益是肯定的。如果黑1只顾从外面封锁，被白棋轻易地活在边上，也就谈不上攻击了。

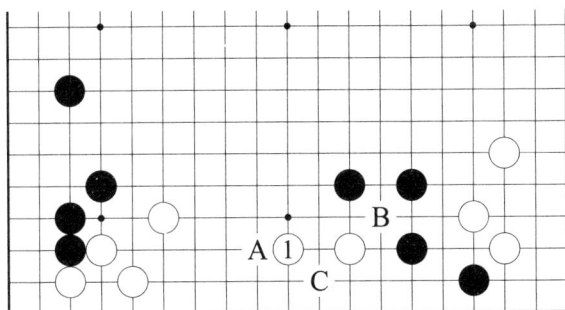

图2

图2　在需要防守时，又不能忘却可能的进攻手段。这是一个在高手实战中出现的例子，当白棋需要在下边补一手的时候，执白者下的是白1。按说就白棋在下边的配置，白1补在A位或许边空更稳固些，但白宁可少拆一路，也要给以后B位尖的攻击积蓄力量，同时防止黑在C位点整形。由此可以看出，攻和守并非一成不变，经常处在转化之中。

练习题

以下各图均为黑先，请在A和B中选择正确下法。

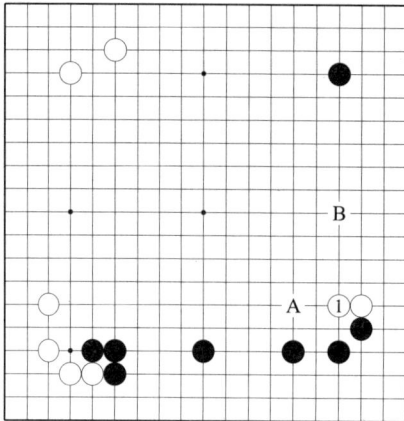

习题1

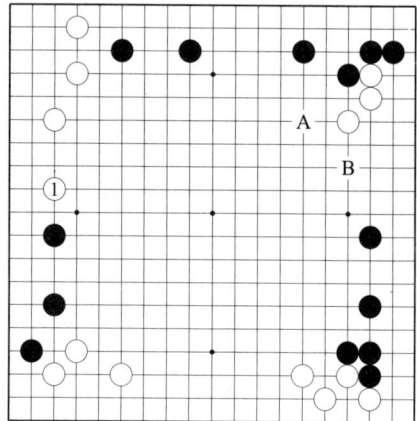

习题2

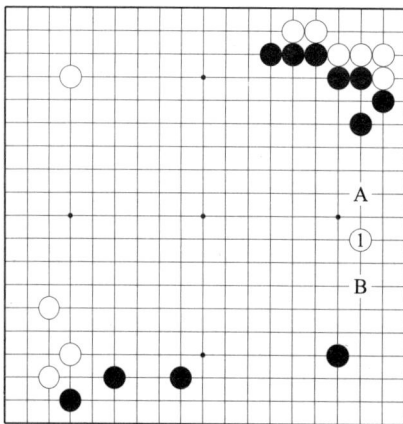

习题3

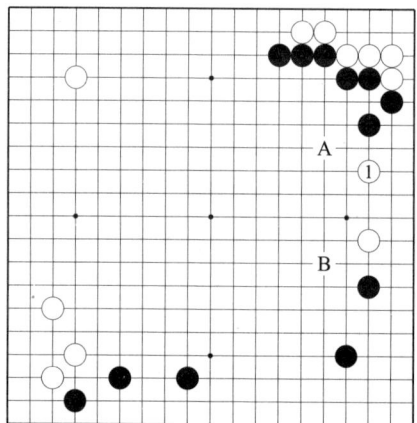

习题4

以下各图均为黑先，请在A和B中选择正确下法。

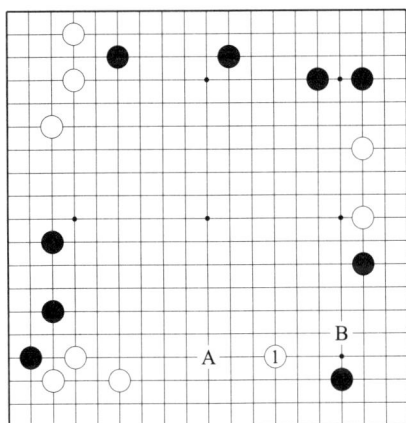

习题5

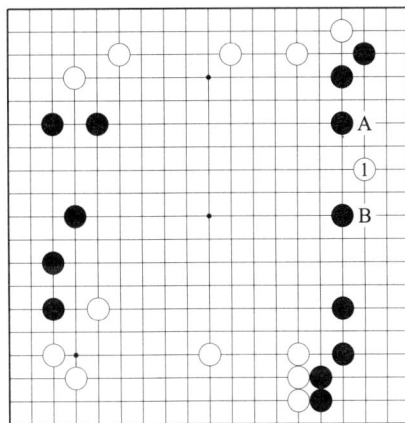

习题6

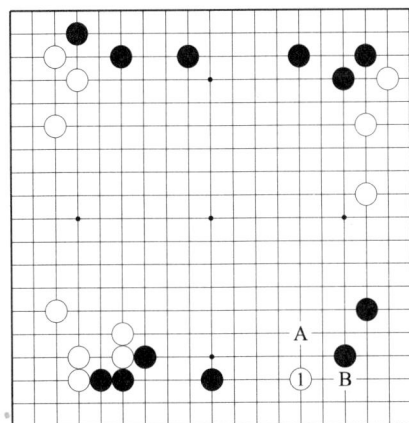

习题7

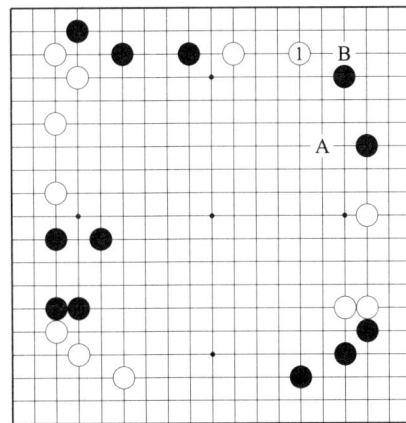

习题8

以下各图均为黑先，请在 A 和 B 中选择正确下法。

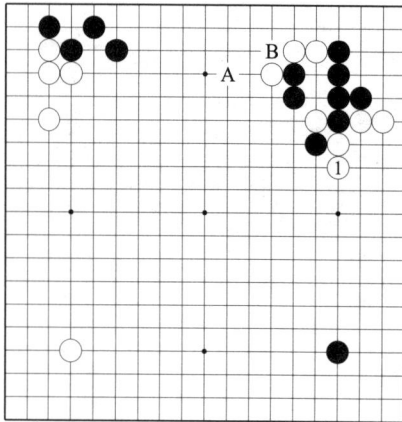

习题 9

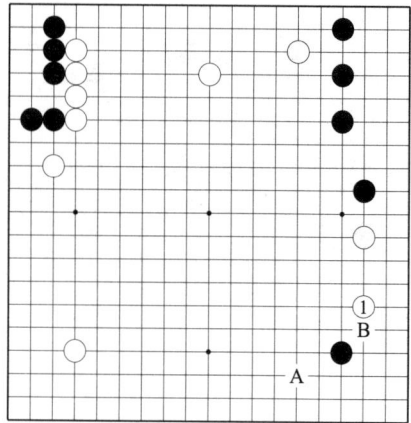

习题 10

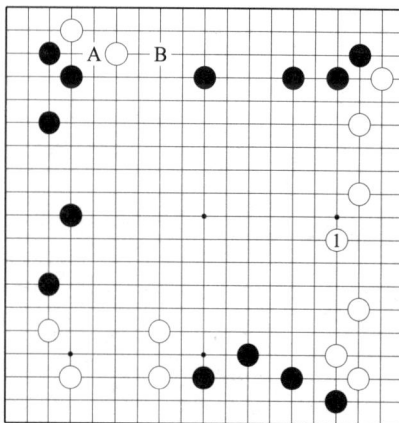

习题 11

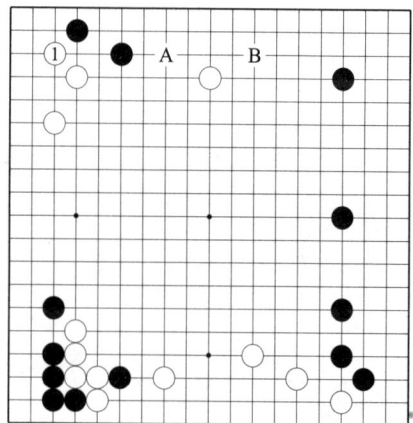

习题 12

以下各图均为黑先，请在A和B中选择正确下法。

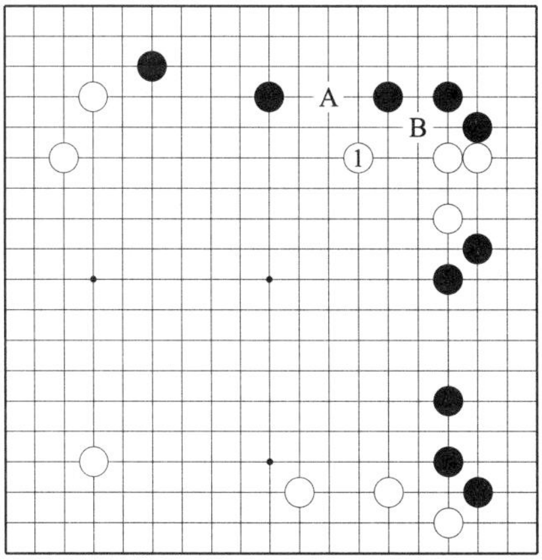

习题13

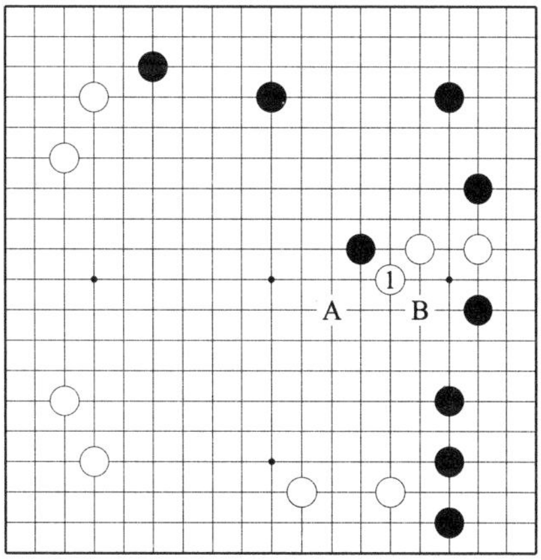

习题14

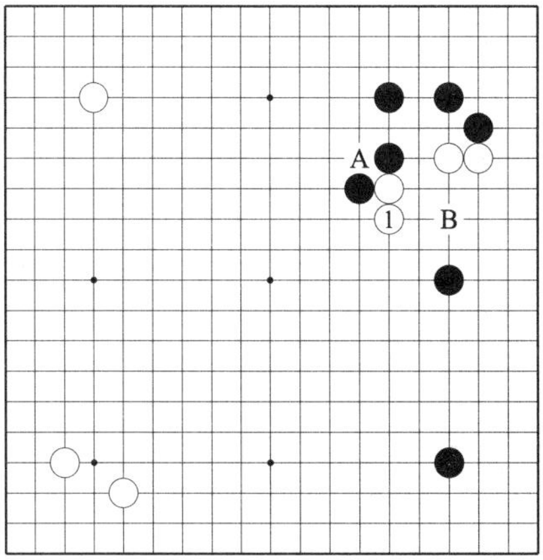

习题15

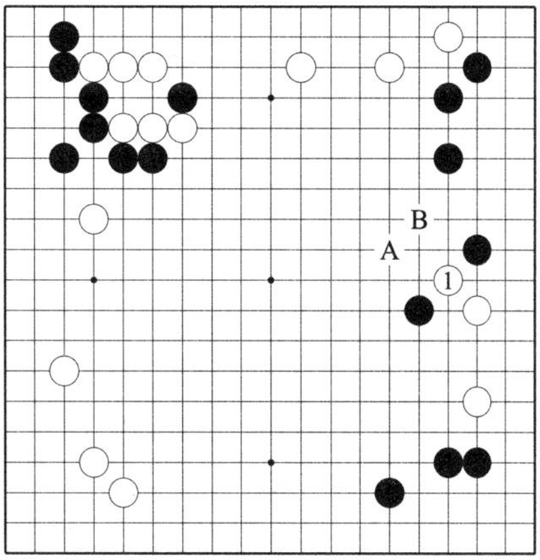

习题16

以下各图均为黑先，请在 A 和 B 中选择正确下法。

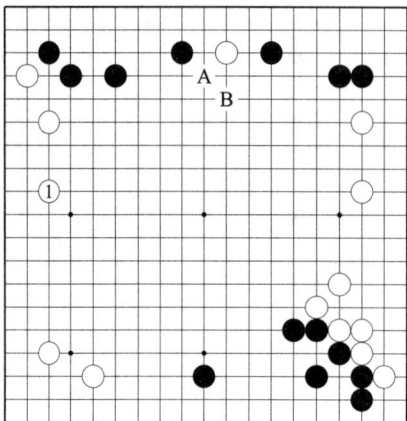

习题17

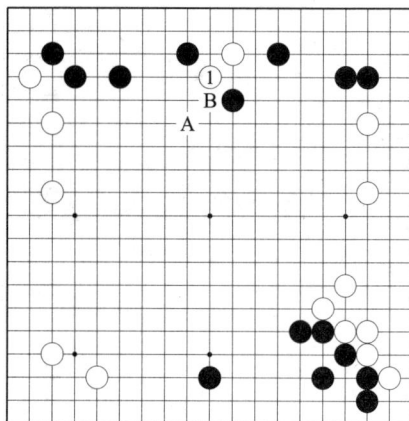

习题18

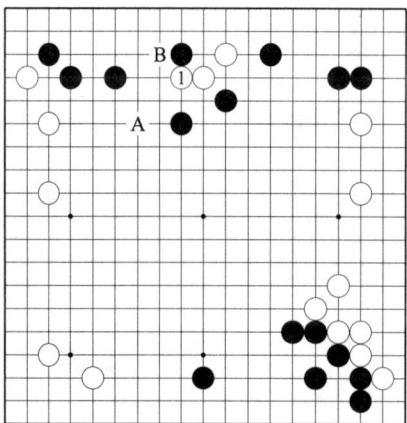

习题19

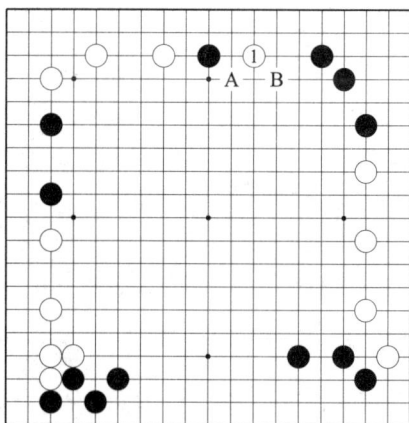

习题20

以下各图均为黑先，请在A和B中选择正确下法。

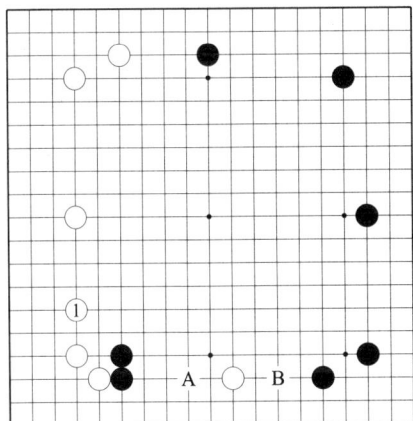

习题21

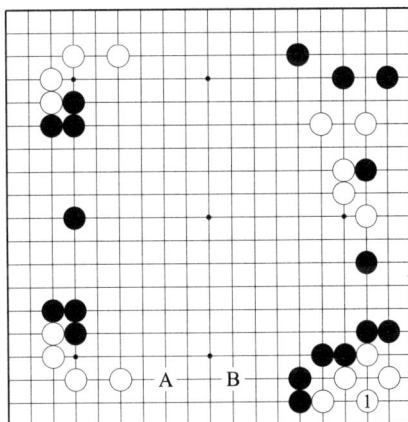

习题22

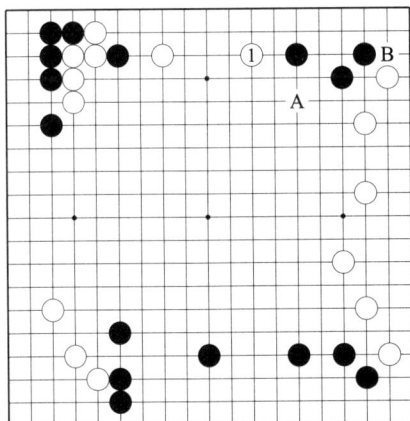

习题23

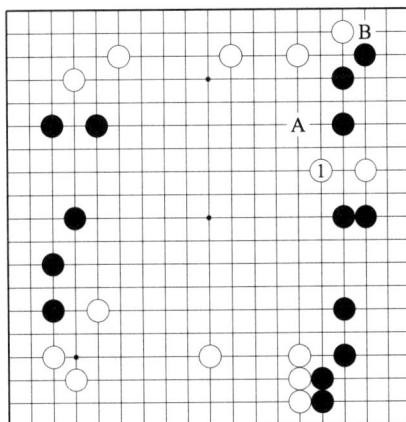

习题24

以下各图均为黑先，请在 A 和 B 中选择正确下法。

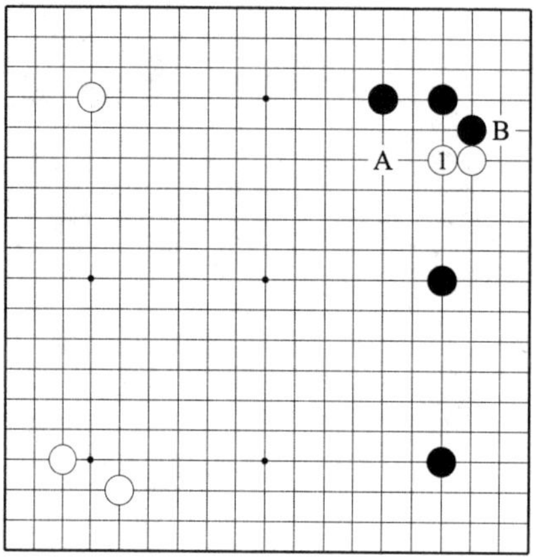

习题 25

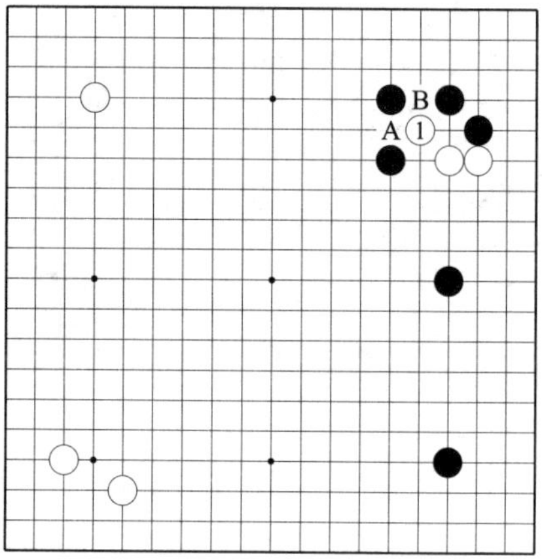

习题 26

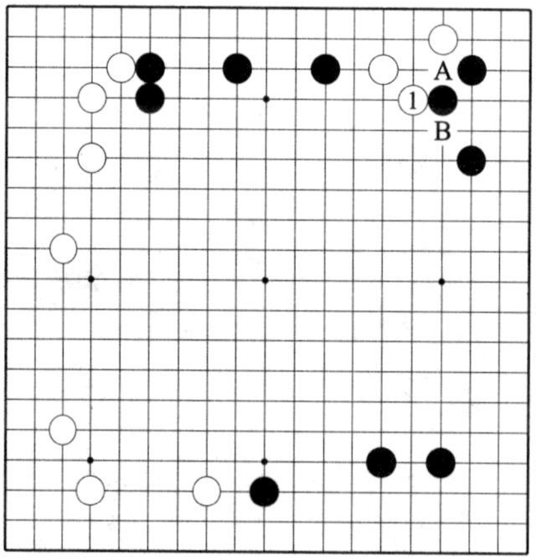

习题 27

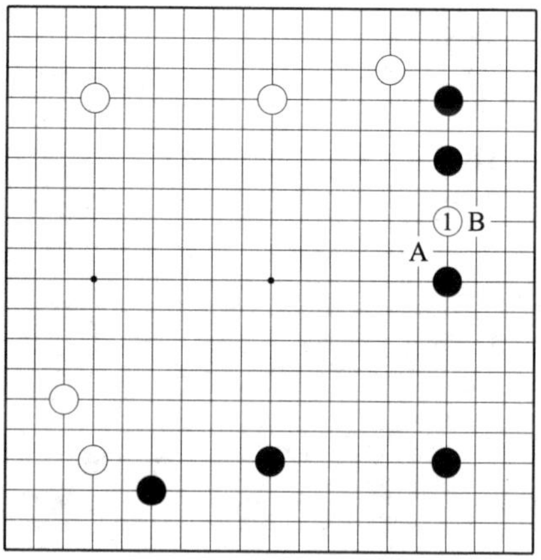

习题 28

以下各图均为黑先，请在A和B中选择正确下法。

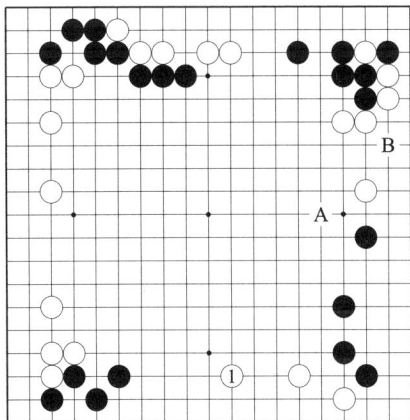

习题29

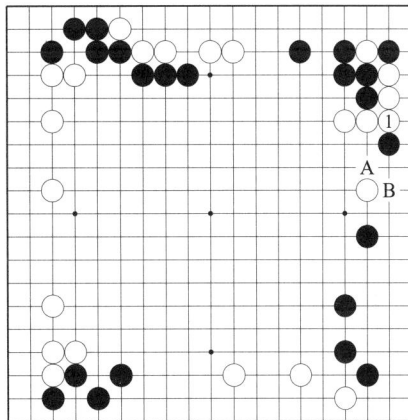

习题30

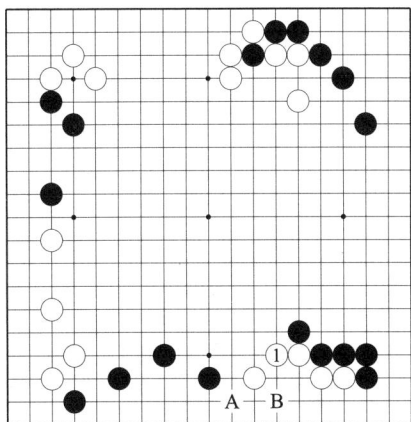

习题31

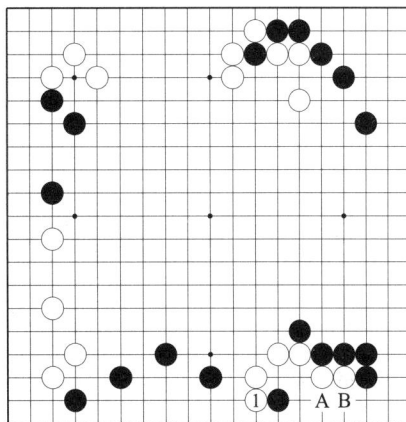

习题32

以下各图均为黑先，请在 A 和 B 中选择正确下法。

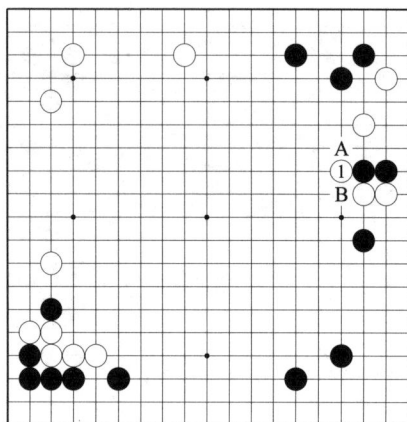

习题 33

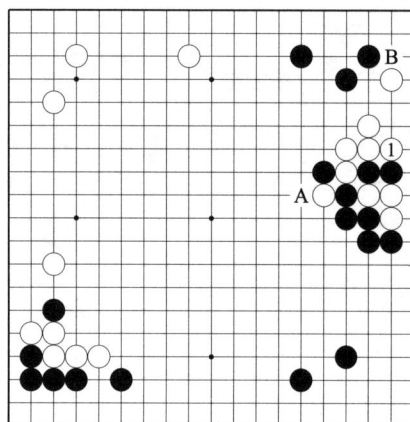

习题 34

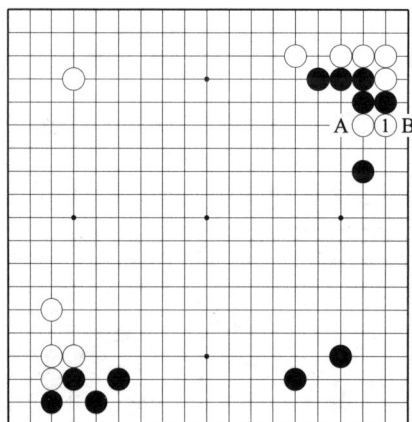

习题 35

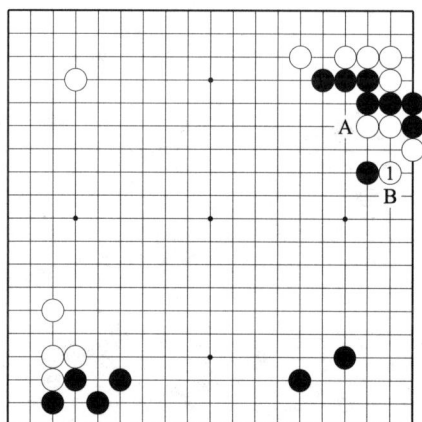

习题 36

以下各图均为黑先，请在A和B中选择正确下法。

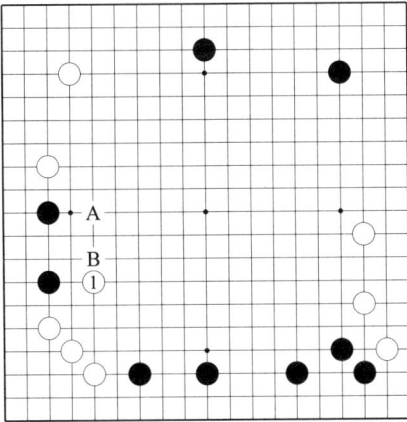

习题37

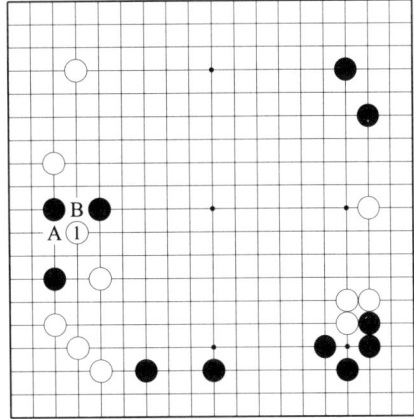

习题38

练习题解答

习题1 ~习题 4 解答：B，B，B，B

习题5 ~习题 8 解答：B，B，B，B

习题9 ~习题12 解答：A，B，B，A

习题13~习题16 解答：A，A，B，A

习题17~习题20 解答：B，A，B，A

习题21~习题24 解答：A，A，B，A

习题25~习题28 解答：A，B，A，A

习题29~习题32 解答：B，B，B，A

习题33~习题36 解答：B，A，B，A

习题37~习题38 解答：A，A

第11章 打入与浅削训练

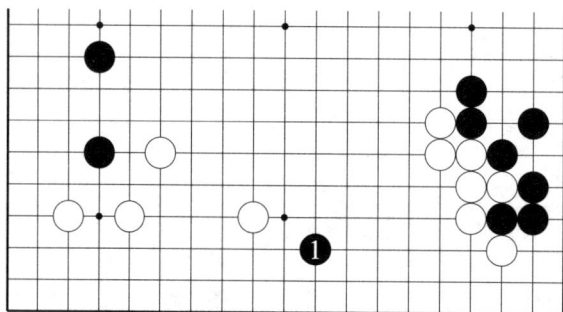

图 1

图1 黑1深入白阵，这手棋叫打入。打入的目的是掏空，有时还带有一定的攻击性。

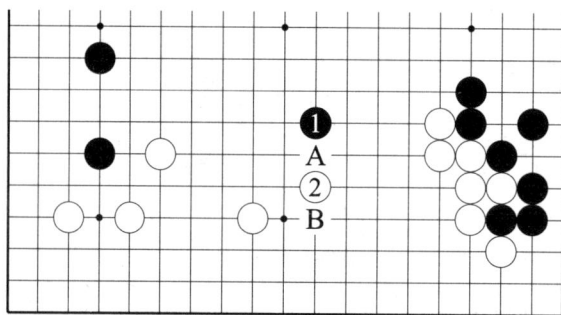

图 2

图2 黑1在上方轻吊，让白2守，黑1这手棋叫浅削。如果黑认为这样下压缩白空还不够，黑1也可进一路在A位吊，让白B位守。浅削的目的是压缩敌势，把对方的空限制在一定的范围内，有时还带有扩张自己势力的意图。

打入和浅削相比，打入比较凶，恨不得一下子就把对方的空掏光，当然，打入比浅削的危险性也大些。浅削也可称作侵消，都是一个意思，但从字面上看，应理解为程度略有不同。侵消带有侵蚀和消除的意味，而浅削只是薄薄地削去一层。不少棋手和书刊习惯于用侵消这个词，其实在大多数场合就是这里说的浅削。

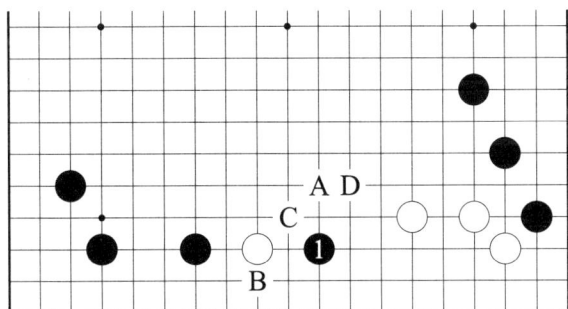

图 3

图3 应根据具体情况，正确地运用打入或浅削。例如本图，黑1打入就恰到好处，接下来可A位跳出或B位托过，白若C位尖黑可D位飞，总之白拿黑没办法。黑1的打入，不光破白空，而且将白左右一分为二，还带有很强的攻击性。

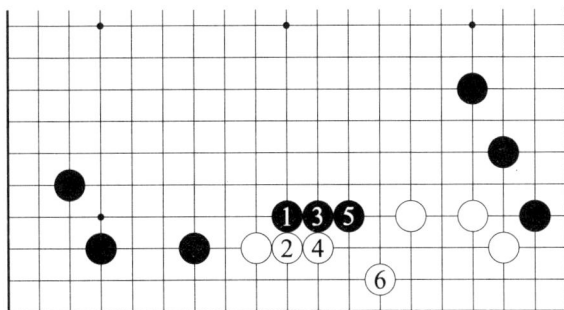

图 4

图4 如果这个场合，黑1只是采用尖冲法浅削，就没把握住战机。我们可以简单地看到，至白6，白棋得到了加强，黑让白把原本很虚的地方走成了实地。

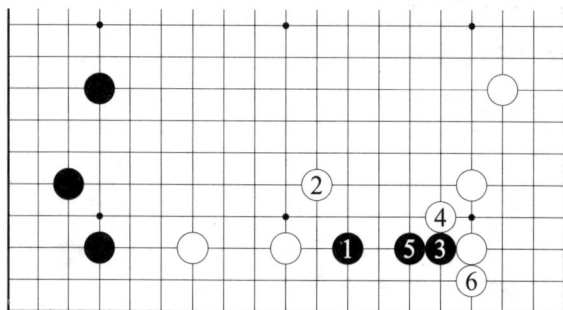

图 5

图5 再来看本图，现在白左侧是拆二，黑1若仍打入，则过于冒险。至白6，黑遭到整体攻击，至少战斗的主动权掌握在白棋手里。黑1如此深入，破白地却有限，无此必要。

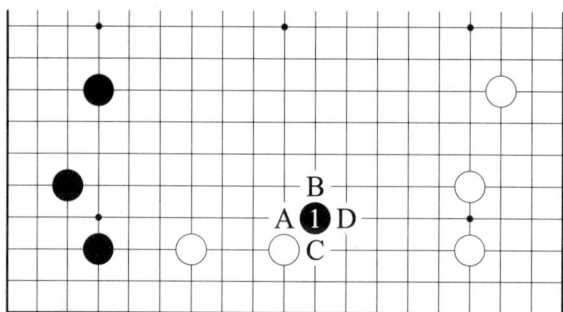

图 6

图6 此时黑1尖冲就颇为合适，接下来白A则黑B，白C则黑D，黑有效地将白空压低。

在适合于打入的场合，也要正确地选择打入点；在适合于浅削的场合，也要正确地选择浅削点。而且，当面对打入还是浅削尚举棋不定时，不仅要看具体的场合，还需判断当前的局面。如明显局势不利，则可冒险打入，以求一搏；如明显局势有利，则可选择浅削，以安全运转为上。

练习题

以下各图均为黑先，请在 A 和 B 中选择正确下法。

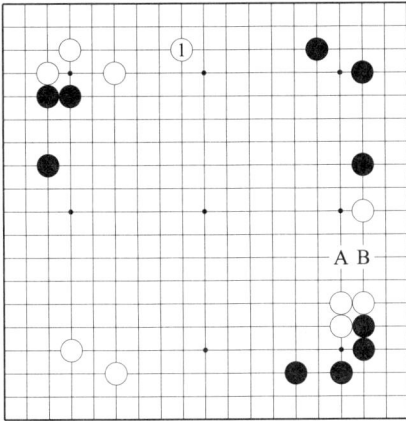

习题1

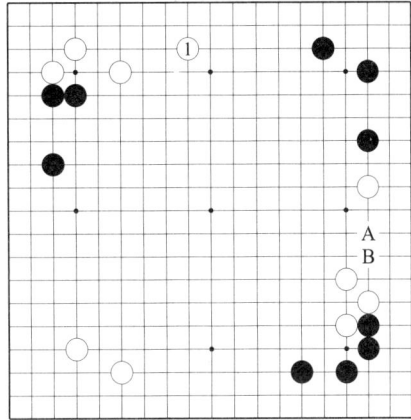

习题2

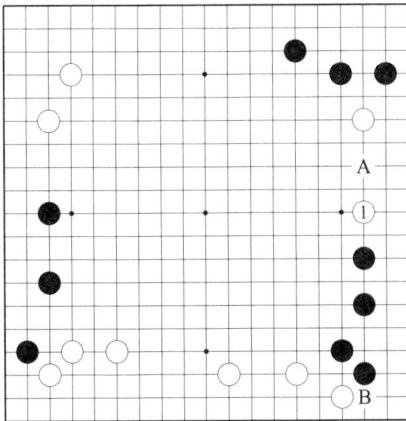

习题3

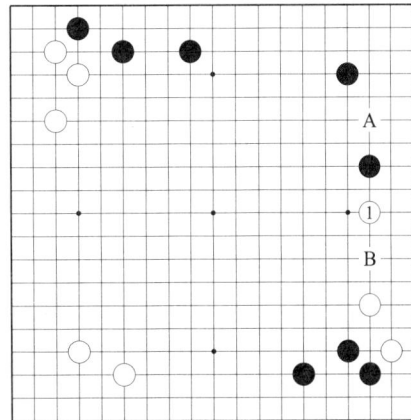

习题4

以下各图均为黑先，请在A和B中选择正确下法。

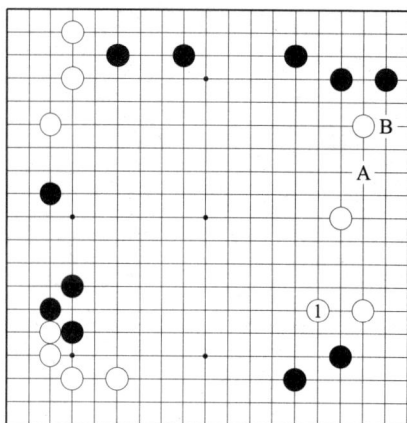

习题5

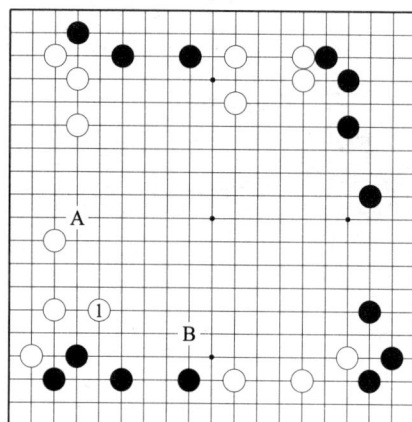

习题6

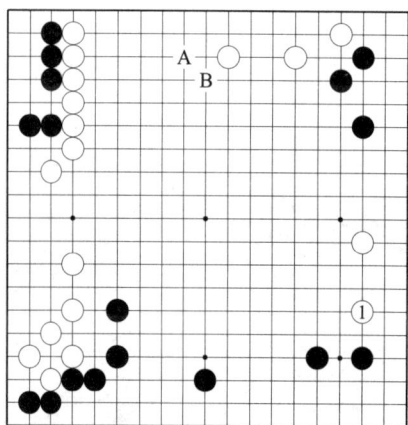

习题7

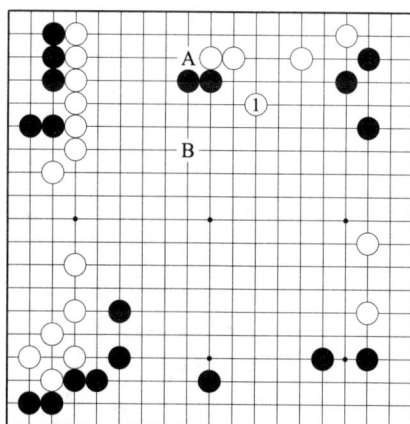

习题8

以下各图均为黑先，请在A和B中选择正确下法。

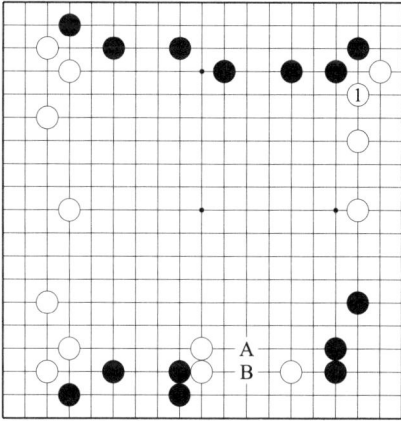

习题9

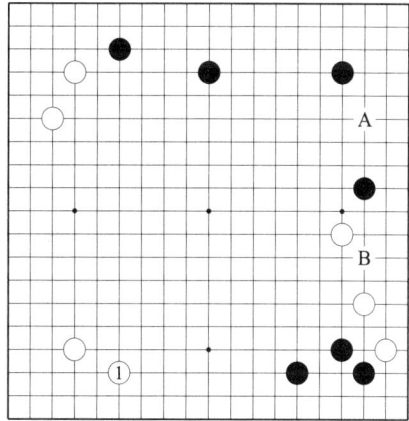

习题10

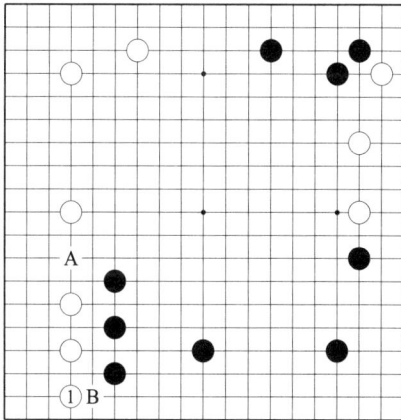

习题11

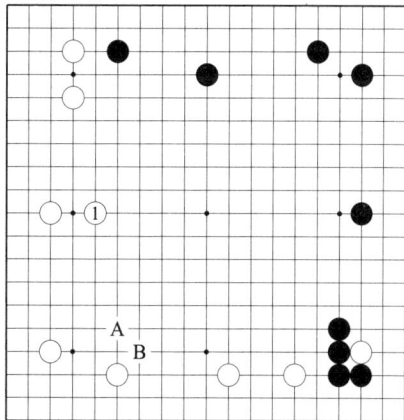

习题12

以下各图均为黑先，请在A和B中选择正确下法。

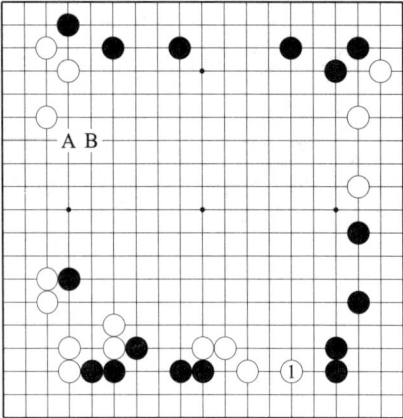

习题13

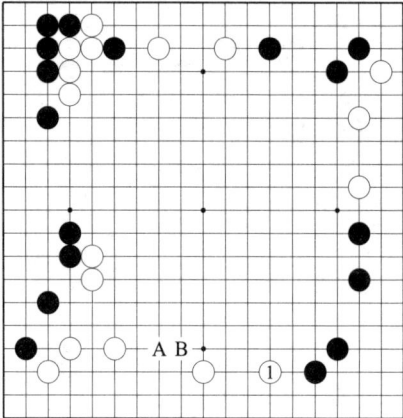

习题14

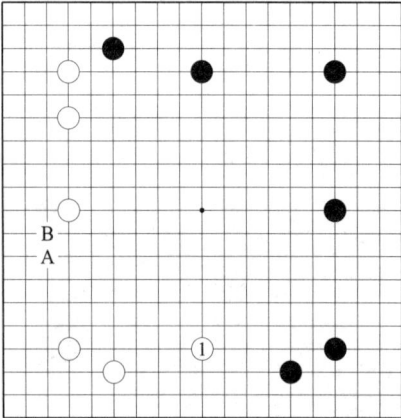

习题15

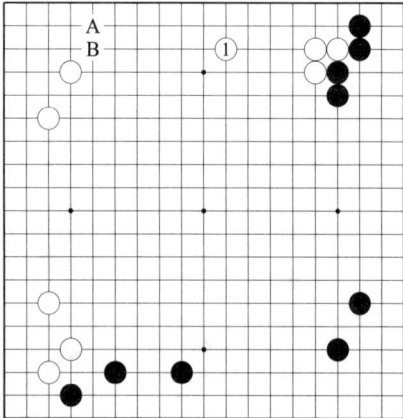

习题16

以下各图均为黑先，请在A和B中选择正确下法。

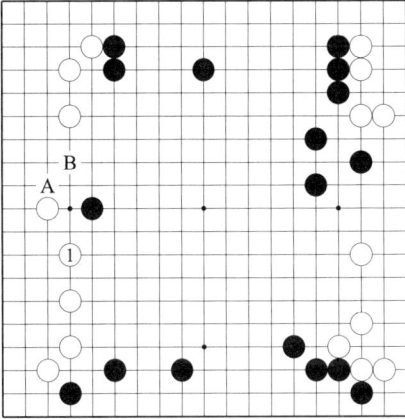

习题17

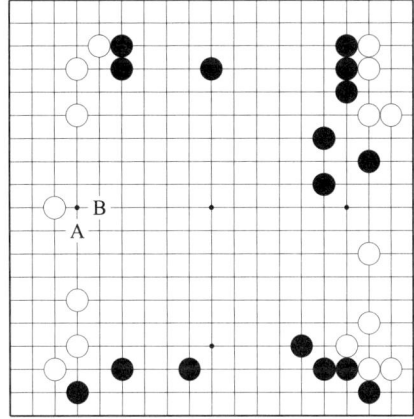

习题18

练习题解答

习题1 ~习题 4 解答：B，B，A，B

习题5 ~习题 8 解答：A，A，B，B

习题9 ~习题12 解答：B，B，A，A

习题13~习题16 解答：A，B，A，A

习题17~习题18 解答：A，B

第12章 收官训练

不擅长官子的围棋爱好者，往往对后续官子的计算感到困惑，甚至抱一种无所谓的态度。但是，如果不上好后续官子这一课，你的收官技术就不可能达到高水平。

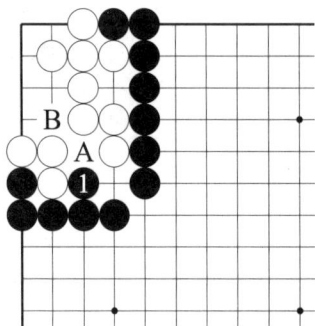

图 1

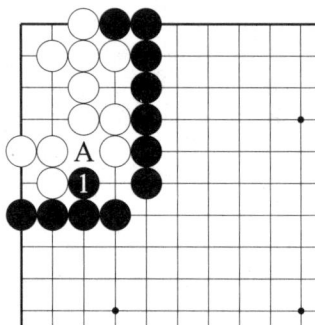

图 2

图1 黑1后手破白1目，但由于有后续手段，故价值要提高。A位是黑1的后续官子，而且以后黑A是先手，白须B位接，这样可判定黑1的实际价值是2目。

图2 本图黑1后A位不是先手，以后占A位的可能性双方各半，A位的价值只能算半目，故黑1的实际价值是1目半。

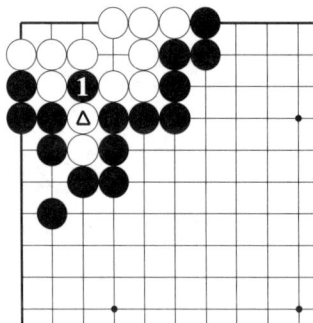

图 3

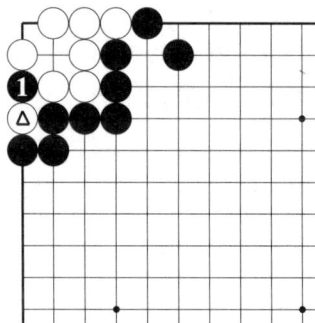

图 4

图3　黑1提两子，这手棋的价值是几目？黑1提后，若白打二还一在
Ⓐ位回提一子，则黑1得1目是先手，先手官子加倍计算价值就是2目。以
后若黑Ⓐ位粘，此处黑共得3目，但黑后续多得的2目是后手，黑只有一半
权利。不管怎么算，黑1的价值都是2目。

图4　黑1提白一子，这手棋的价值是多少？判断这种"半个劫"的价
值的确有些为难。黑1提后，白还有一半的机会再提回去，但白要劫胜还
需两手棋（提劫、粘劫），而黑则只需一手棋了（在Ⓐ位粘）。白未提回之
前，黑占Ⓐ位有2/3的权利，而白粘劫只有1/3的机会。此处官子总共不过
1目，所以答案应该是：黑1的价值是2/3目。

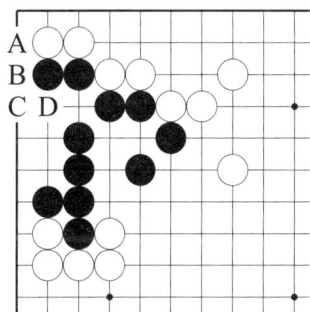

图　5

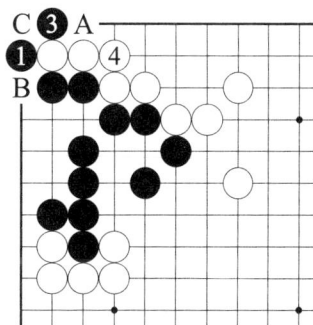

图　6

图5　我们来看一个比较复杂的官子。黑A位扳的官子价值是多少？这
要通过与白B位扳的比较来计算。假如白先在B位扳，以下无非是黑C、白
A、黑D，白B位扳是一个先手官子。

图6　现在来看黑1先在角上扳。黑1虽是后手，但性质是逆收，况且
还有3位扳的后续官子，黑3再扳是先手。假如白4以后以白A、黑B、白C
的顺序收官，本图与白先在B位扳的结果相比，出入是5又1/3目（黑差2
目、白差4目但白先提劫）。由于黑棋是逆收，价值要加倍计算，因此，这
里的官子价值竟高达10又2/3目之多。

初学者收官时，往往容易产生认为吃子大的错觉，而忽视边角上的官子。其实，"金角银边草肚皮"这句棋谚，也同样适用于收官阶段。很多边角上的官子，看似很小，实则很大。不重视这些官子，当然会吃亏。

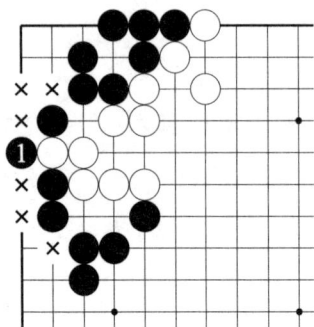

图　7

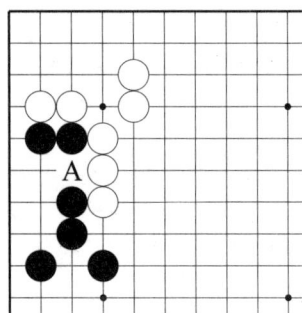

图　8

图7　不要小看了在边线上的渡，此时黑1渡的价值有6目。若被白1位立下，带有"×"标记的6目全无。

图8　现在轮黑棋走，或许你觉得在A位挡这手棋不值一提，其实其价值之大会令你始料不及。

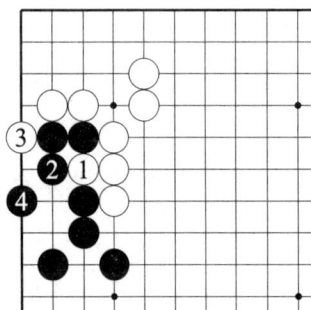

图　9

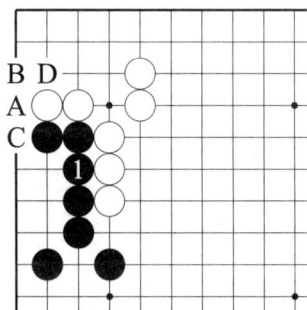

图　10

图9　若让白1冲、3扳，白先手得3目。

图10　黑1挡住，以后黑A、白B、黑C、白D是先手，黑1逆收得3目，后续官子先手2目，实际是逆收5目，相当于后手10目的官子。

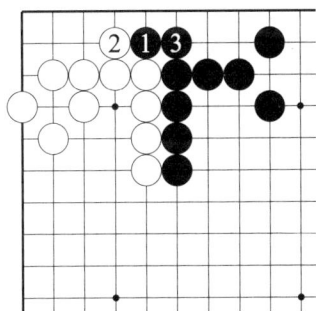

图 11

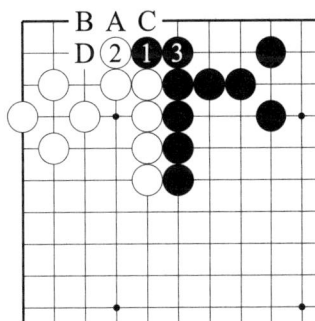

图 12

图11 通常二路扳粘都是很大的官子。本图是价值最小的二路扳粘，出入是6目。

图12 本图黑1、3二路扳粘的价值有所提高。由于存在着黑A、白B、黑C、白D的后续先手官子，故合计有8目价值。

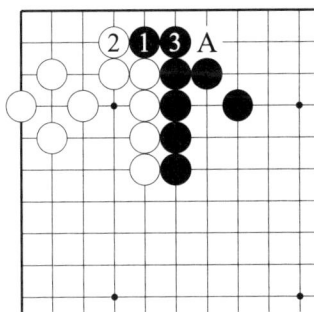

图 13

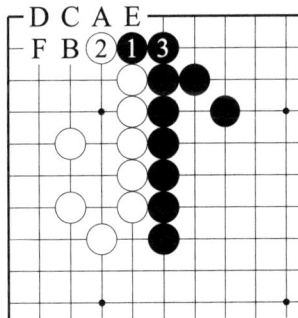

图 14

图13 本图黑1、3二路扳粘的价值又提高了。若白先在3位扳，黑A位挡，白1位粘，以后白也可在一路先手扳粘。由于此处双方的二路扳粘都存在着先手一路扳粘的后续官子，故黑1、3的价值成了10目。

图14 本图黑1、3二路扳粘的价值再次提高。由于黑有黑A、白B、黑C、白D、黑E、白F的后续官子，白地又被多破2目，故黑1、3的价值高至12目。同样，若被白抢到3位扳，价值也是12目。

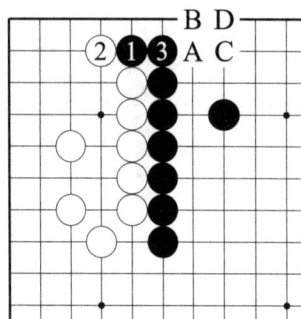

图　15

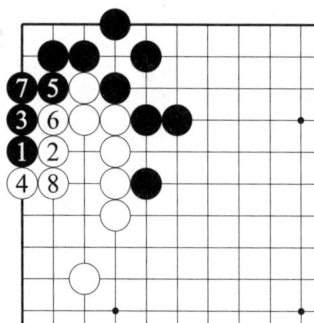

图　16

图15　本图黑1、3二路扳粘的价值又进一步提高。若白抢先在3位扳，黑A位挡，白1位粘，以后白B位扳时，黑也只能C位退，于是白也可在D位再先手爬一手。由于此处二路扳粘后，双方都有先手在一路扳、爬的很大的后续官子，故而这里双方的出入高达14目。

图16　黑1大飞，这样收官叫"伸腿"，也叫"大伸腿"，是很大的一手棋，实战中经常遇得着。与白5位逆收相比，黑1大致先手7目。

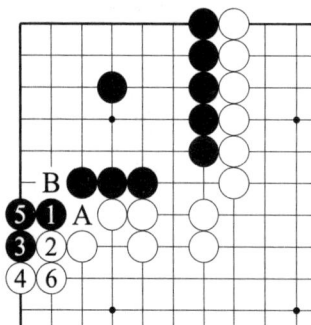

图　17

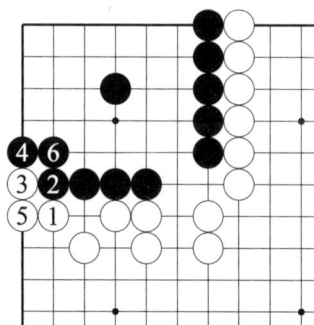

图　18

图17　当中盘战告一段落时，首先应考虑的官子多推二线上的小尖。黑1小尖后，黑3、5又先手便宜，今后白A、黑B应看作白的权利。

图18　若白1抢先小尖，白3、5也可再先手便宜。本图与上图相较，抢先占到1位二路小尖的一方，等于顺手白捡了6目的便宜。

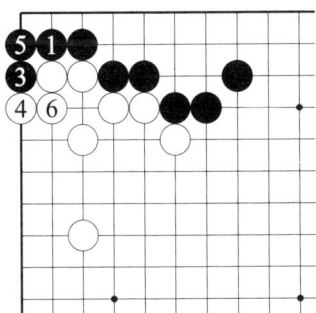

图 19

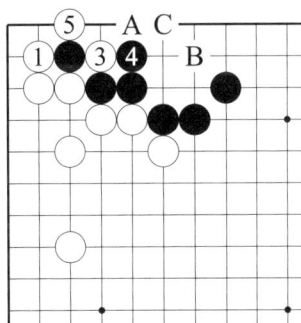

图 20

图19 收官时，角上二二这一点通常都很大。本图黑1进二二，白2若脱先，黑3、5扳粘是先手。

图20 若白1在二二位置上拐，黑2脱先的话，白3、5可打拔一子。以下白A、黑B是白的权利，C位的官子大致上双方各有一半权益。省略计算过程，本图与上图的出入（即此处占二二的价值）是13目强。

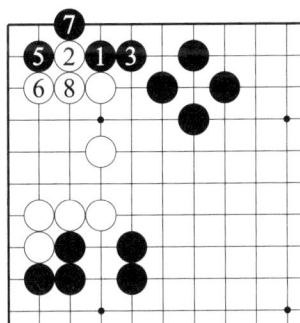

图 21

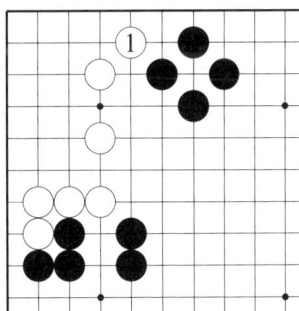

图 22

图21 二线上托退的手法也常被运用于收官。黑1、3托退很大，白4若脱先，黑有5、7的后续手段，先手破白角空。黑3后，白4若于6位补，则有被黑纯粹先手便宜之嫌。

图22 所以，白1争补一手实利很大，与上图相比，出入有13目。像这样的大官子，收官时当然应首先考虑。

193

练习题

以下各图均为黑先，请在A和B中选择正确下法。

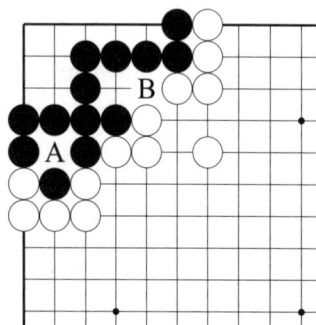

习题1

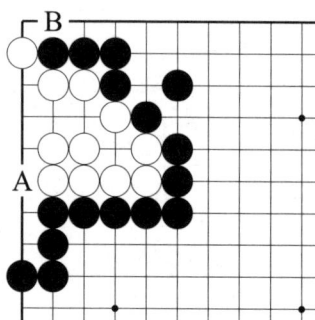

习题2

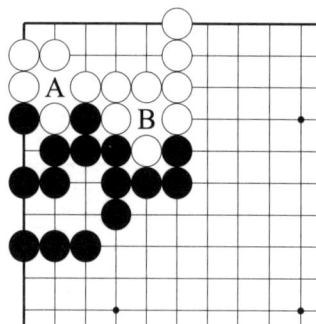

习题3

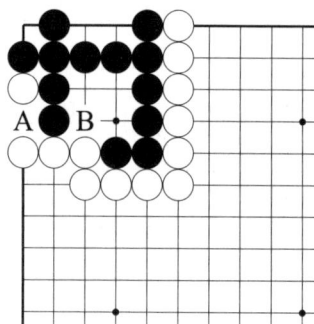

习题4

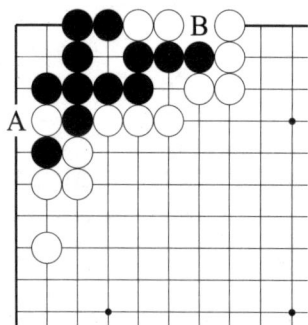

习题5

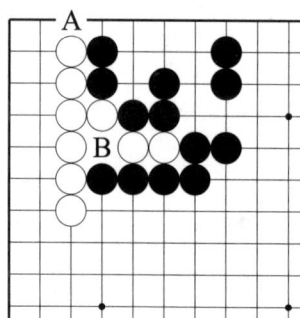

习题6

以下各图均为黑先，请在 A 和 B 中选择正确下法。

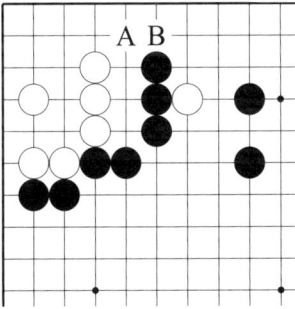

习题 7

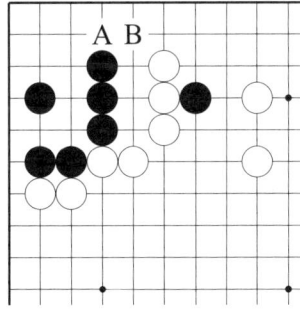

习题 8

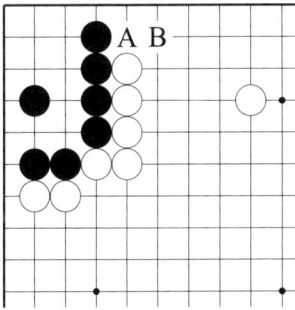

习题 9

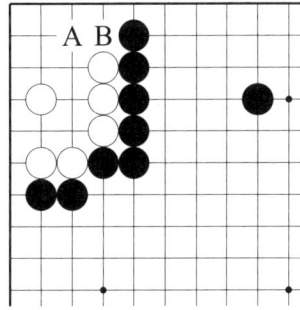

习题 10

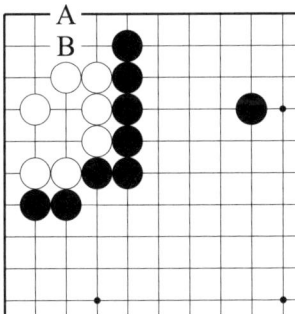

习题 11

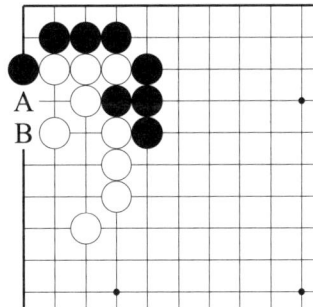

习题 12

以下各图均为黑先，请在A和B中选择正确下法。

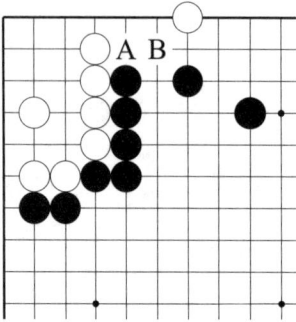

习题13

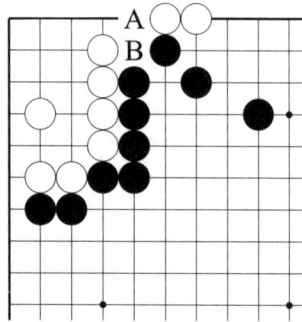

习题14

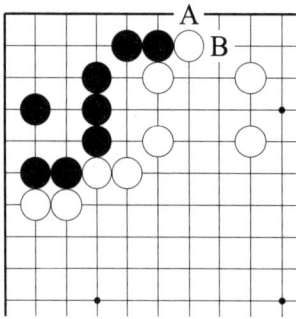

习题15

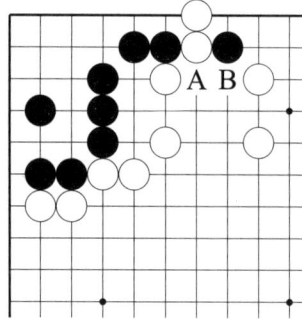

习题16

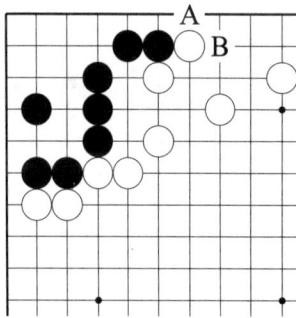

习题17

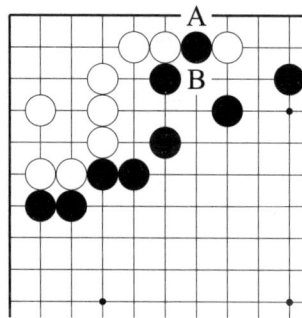

习题18

以下各图均为黑先，请在A和B中选择正确下法。

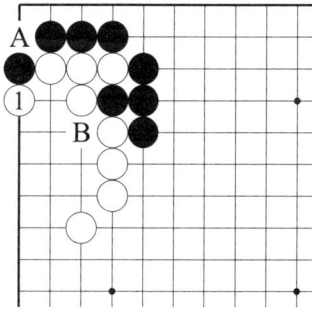

习题19

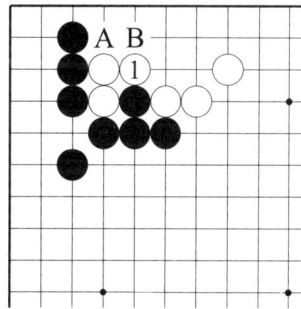

习题20

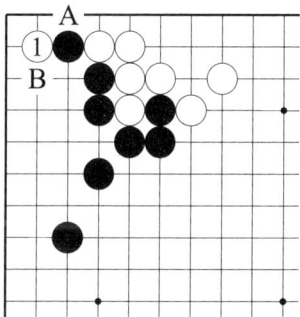

习题21

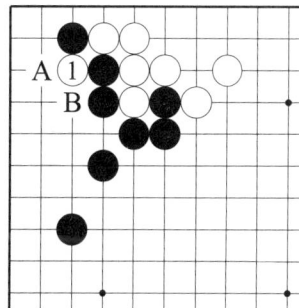

习题22

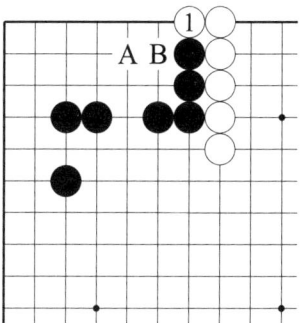

习题23

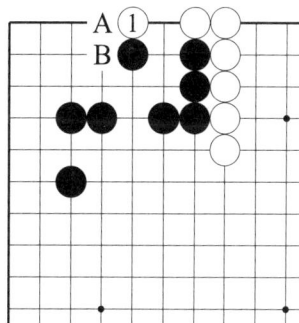

习题24

以下各图均为黑先，请在 A 和 B 中选择正确下法。

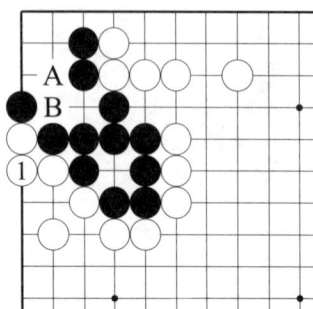

习题 25

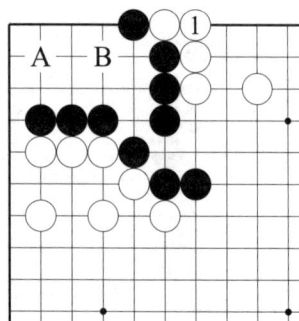

习题 26

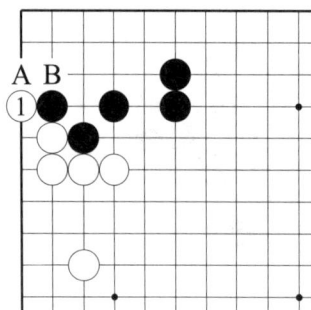

习题 27

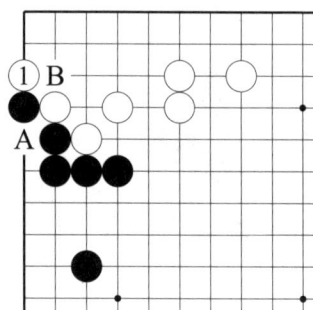

习题 28

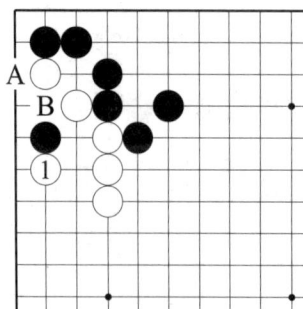

习题 29

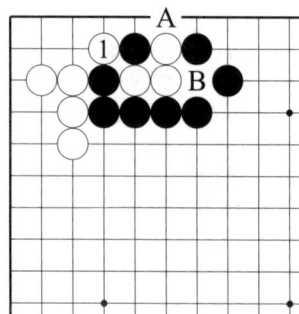

习题 30

以下各图均为黑先，请在A和B中选择正确下法。

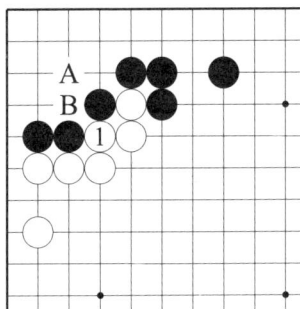

习题31

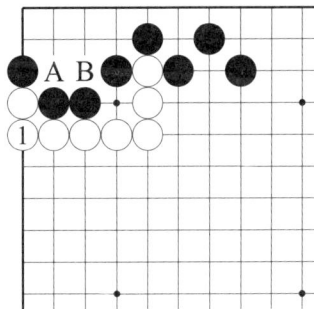

习题32

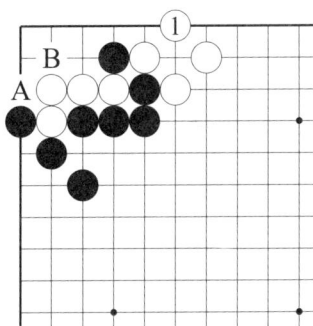

习题33

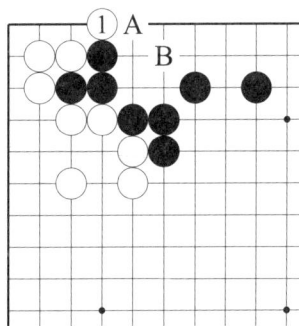

习题34

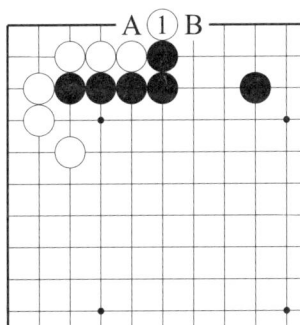

习题35

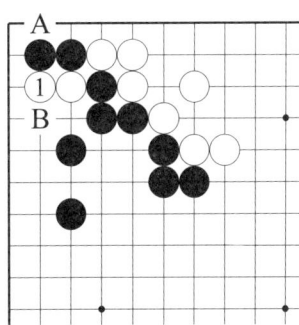

习题36

以下各图均为黑先，黑应如何收官？

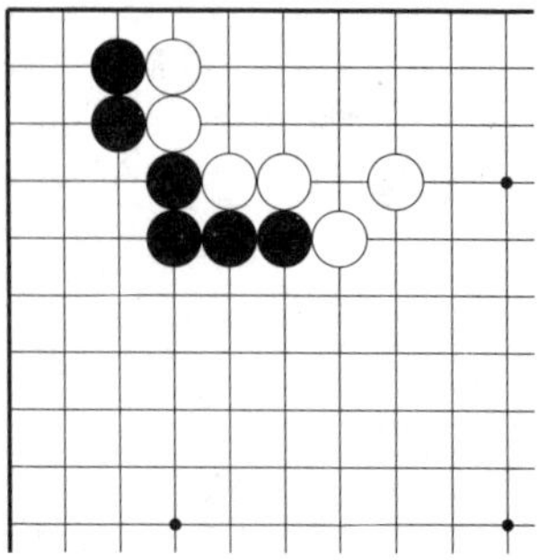

习题37

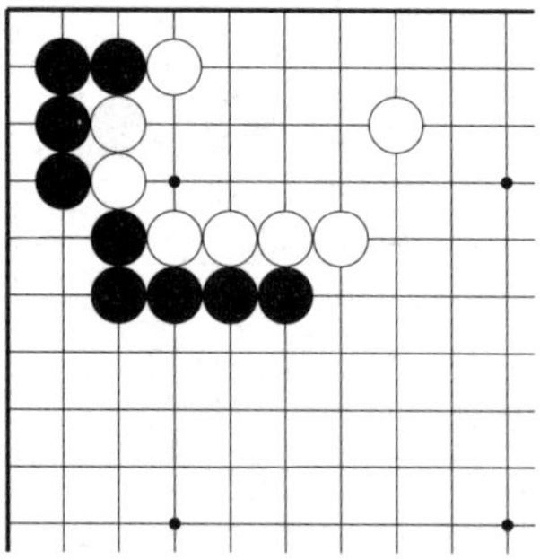

习题38

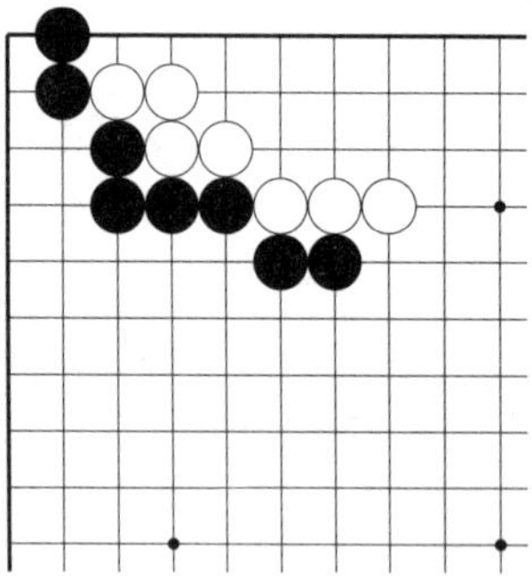

习题39

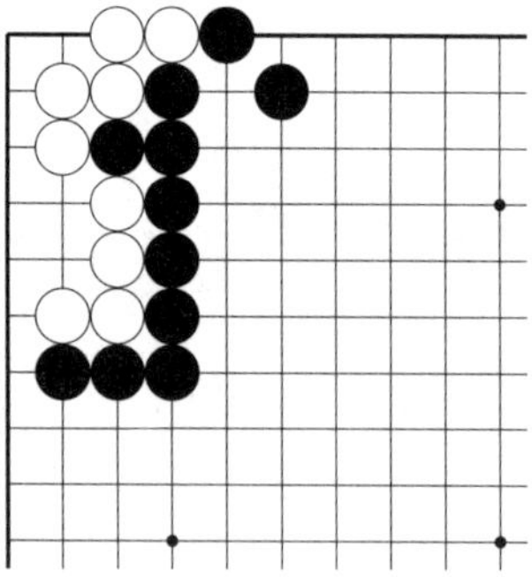

习题40

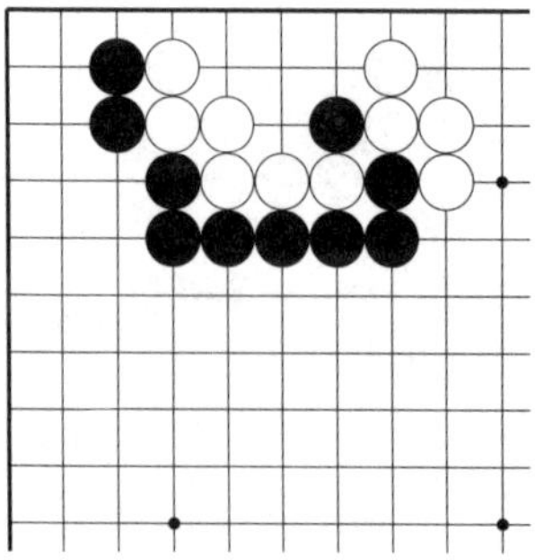

习题41

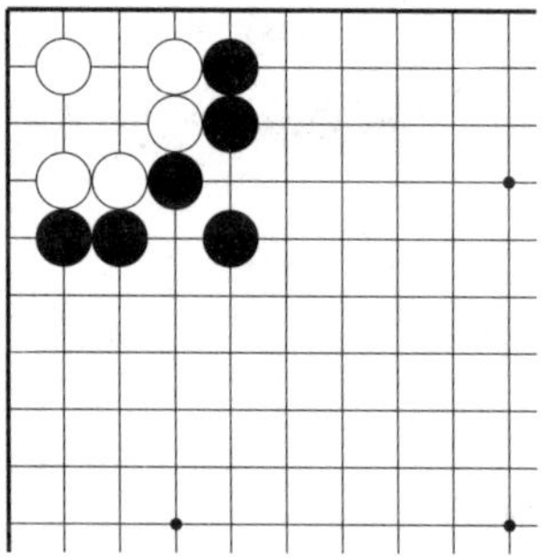

习题42

练习题解答

习题1 ~习题 6 解答：B，A，A，B，A，A

习题7 ~习题12 解答：A，B，B，A，A，B

习题13~习题18 解答：B，A，B，A，A，A

习题19~习题24 解答：B，B，B，B，A，A

习题25~习题30 解答：A，A，B，B，B，A

习题31~习题36 解答：B，B，B，B，A，A

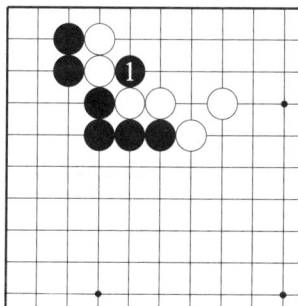

习题37解答

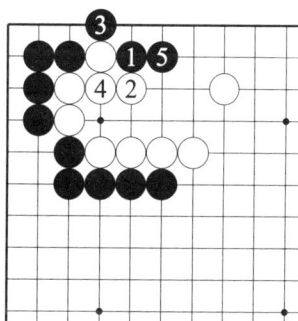

习题38解答

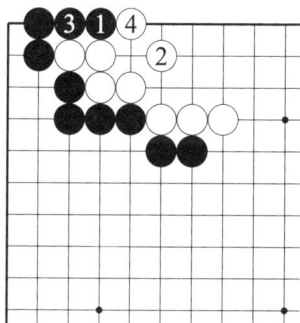

习题39解答（正解）

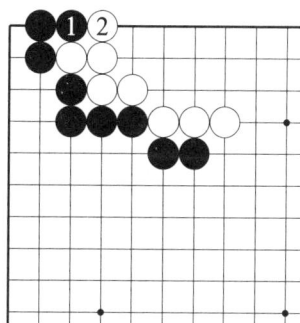

习题39解答（失败）

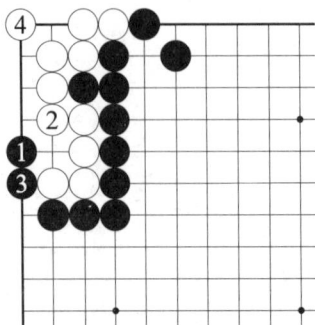

习题40解答（正解）

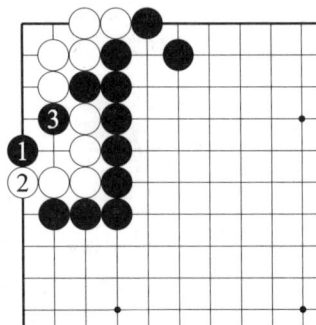

习题40解答（参考）

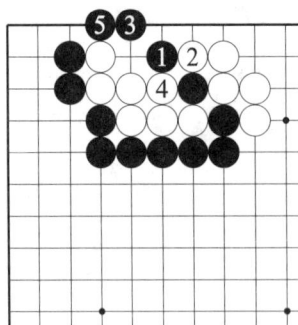

习题41解答（正解）

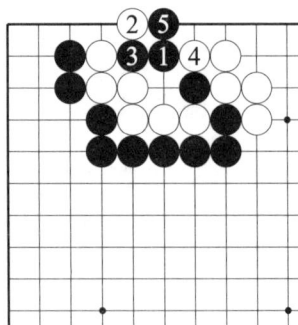

习题41解答（参考）

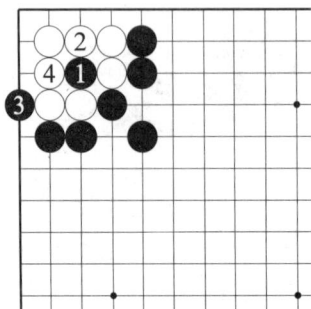

习题42解答（正解）

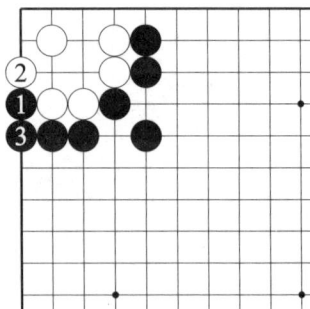

习题42解答（失败）